Endlich Ferien!
Von Sommerfrische und Müßiggang

Endlich Ferien!
Von Sommerfrische und Müßiggang

Mit Beiträgen von

Christine Ickerott-Bilgic

Ulrich Schnabel

Elisabeth Tworek

Sandra Uhrig

Dieser Katalog erscheint
anlässlich der Sonderausstellung

Endlich Ferien!
Von Sommerfrische und Müßiggang
im Schloßmuseum Murnau
vom 5. April bis 1. Juli 2012

Ausstellung und Katalog
Sandra Uhrig in Zusammenarbeit
mit Christine Ickerott-Bilgic

Ausstellungssekretariat
Ruth Meyer-Wegener
Lydia Hohenleitner

Ausstellungstechnik
Hubert Hofmann

Herausgeber
Schloßmuseum des Marktes Murnau
bearbeitet von Sandra Uhrig

Medienpartner

© Schloßmuseum Murnau und die Autoren
© Max Beckmann, Olaf Gulbransson,
Ludwig Hohlwein, Wassily Kandinsky,
Gabriele Münter, Walther Teutsch:
VG Bild-Kunst, Bonn 2012
Herbert Brandl: Courtesy Galerie Elisabeth
und Klaus Thoman
Karl Hubbuch: Karl Hubbuch Stiftung, Freiburg
Maria Marc: Nachlaß Maria Marc
sowie bei den Künstlern und Leihgebern

Kataloggestaltung und Organisation:
Ingeborg Geith, München
Satz und Druckvorlagen:
Vornehm Mediengestaltung GmbH, München
Repro Kölbl, München
Gesamtherstellung: Druckhaus am See, Gmund

ISBN: 978-3-932276-41-5

Umschlag: Gabriele Münter, Bootsfahrt, 1910 (Kat. 5)

Leihgeber

Landshut
Privatsammlung

München
Bayerische Verwaltung der staatlichen Schlösser,
Gärten und Seen
Gabriele Münter- und Johannes Eichner-Stiftung
Erika und Werner Krisp
Monacensia. Literaturarchiv und Bibliothek
der Stadt München
Münchner Stadtmuseum,
Sammlung Graphik/Plakat/Gemälde
Hugo Troendle Archiv

Murnau
Familie Michael Gilg
Marktarchiv Murnau

Ohlstadt
Deutsche Rentenversicherung

Starnberg
Stadtarchiv

Tutzing
Evangelische Akademie

USA
The Peter Lackner Family Collection

sowie zahlreiche private Leihgeber,
die nicht genannt werden möchten.

Inhalt

7   Endlich Ferien!
    Von Sommerfrische und Müßiggang
    Sandra Uhrig

10 Impressionen aus Murnau

15 „Er wollte überhaupt nur die Sonne malen" –
    Von Sehnsuchtsorten und Sommerzielen
    der Künstler im Alpenvorland
    Sandra Uhrig

31 Sommer der Gefühle
    Literaten, Musiker und Künstler
    der Liebe wegen auf dem Land
    Elisabeth Tworek

49 Geistesblitz aus dem Nichts.
    Auch die Hirnforschung entdeckt
    den Wert der Muße
    Ulrich Schnabel

57 „Unter der Sonne"
    Mußestunden in flirrendem Licht
    Christine Ickerott-Bilgic

60 Katalog der
    ausgestellten Werke
62 Seenlandschaften –
    Refugien für Maler und Schriftsteller
86 Bilder wie Sommer

100 Verzeichnis der
    ausgestellten Werke

109 Fotonachweis

Ludwig Hohlwein, „In 90 Minuten von München nach Garmisch-Partenkirchen", um 1928 (Kat. 63)

Endlich Ferien!
Von Sommerfrische und Müßiggang

Die Malaufenthalte der Künstler in Murnau, die Ankunft der Familie Horváth, das von gesellschaftlichem Leben erfüllte Landhaus Emanuel von Seidls am Rande des Ortes sowie der Badeausflug Franziska zu Reventlows an den Staffelsee waren Anlass für uns, eine kleine Topographie der Sommergäste und ihrer Refugien zu erstellen. Tagebuchaufzeichnungen, Fotografien, Graphiken und Gemälde erzählen von gemeinsamen Unternehmungen, einsamen Touren, Badevergnügen und überraschenden Begegnungen. In ihnen spiegelt sich nicht nur die Freude am ausgewählten Ort und seiner Landschaft wider, sondern vor allem auch eine außergewöhnliche Stimmung, die von der Sehnsucht nach dem Sommer geprägt ist.

Für die meisten ist das Wort „Ferien" heute eng mit den Schulferien verknüpft. Doch das Wort, das sich aus dem Lateinischen „Feriae" ableitet, bezeichnete ursprünglich die „geschäftsfreie Zeit", in der „*[...] weder Termine abgehalten, noch Entscheidungen erlassen werden.*" (Brockhaus' Konversationslexikon, 1902)

Mit dem Ausruf „Endlich Ferien!" beginnt ein Zeitraum, der assoziativ eng mit weiteren Sehnsuchtsworten verknüpft ist: Sonnenstrahlen, Schattenspiel, Wärme, Kühle, Badeseen und laue Abende, aber auch Ungebundenheit und Muße.

Synästhetisch hat sich der Sommer gerade auch durch die unbeschwerten Kindheitserinnerungen in uns festgesetzt und so soll der Titel auch deshalb ein Gefühl von damals vermitteln, als Sommerferien noch aus endlos aneinander gereihten, freien Tagen und die einzelnen Sommertage aus ebenso endlosen wie langsam zerrinnenden Stunden zu bestehen schienen. Der Aufbruch in den Sommer, die Aussicht auf Unabhängigkeit, das bedeutete auch für die Künstler von damals, frei für die Malerei, die Schriftstellerei, aber auch frei für den Müßiggang zu sein.

Früh hatte die Reiseliteratur das Alpenvorland entdeckt und im 19. Jahrhundert wurde eine Reihe von Reiseführern veröffentlicht, die diese Region priesen. 1860 erschien u.a. „Das bayerische Hochland" von Ludwig Steub. Steub verwendete hier das erste Mal den Begriff „Sommerfrische" und trug so zur Popularisierung dieses Ausdrucks bei. Murnau, das durch den Staffelsee und die beiden Badeanstalten schon früh ein Anziehungspunkt für Sommergäste war, entwickelte sich rasch mit zahlreichen Pensionen, Gasthäusern und Kureinrichtungen zu einem attraktiven Ferienort. Die seit 1993 bestehende Dauerausstellung im Schloßmuseum Murnau veranschaulicht die touristische Entwicklung Murnaus detailliert.

Für die Sonderausstellung haben wir uns allein auf die künstlerischen Werke und Dokumente konzentriert. Während in den ersten beiden Räumen der Ausstellung Sommerdomizile im Alpenvorland vorgestellt werden, ist in der letzten Ausstellungssequenz Sommerbildern Raum gegeben. „Bilder wie Sommer" lautet der Titel und darunter finden sich neben der klassischen Idealvorstellung eines Sommertags an der französischen Küste, ein Berliner Stadtgarten mit kühlenden Schatten, eine hochsommerliche, bayerische Wiese und eine Hommage an den Löwenzahn wieder. Die Ausstellung beschließt mit einem Bild, das der österreichische Künstler Herbert Brandl 2003 geschaffen hat.

Auch für Joachim Ringelnatz war die Leichtigkeit des Sommers mit dem Müßiggang verbunden. Von 1932 stammt sein Gedicht „Sommerfrische":

> „Zupf Dir ein Wölkchen aus dem Wolkenweiß,/Das durch den sonnigen Himmel schreitet.
> Und schmücke den Hut, der dich begleitet,/Mit einem grünen Reis.
> Verstecke Dich faul in die Fülle der Gräser./Weil's wohltut, weil's frommt.
> Und bist Du ein Mundharmonikabläser/Und hast eine bei dir, dann spiel, was Dir kommt.
> Und laß Deine Melodien lenken/Von dem freigegebenen Wolkengezupf.
> Vergiß dich. Es soll dein Denken/Nicht weiter reichen als ein Grashüpferhupf"

Unser Dank geht in erster Linie an die Leihgeber, die die Ausstellung mit wertvollen Exponaten unterstützt haben. Dies sind: Die Bayerische Verwaltung der staatlichen Schlösser, Gärten und Seen, München, die Deutsche Rentenversicherung Ohlstadtklinik, die Evangelische Akademie Tutzing, die Gabriele Münter- und Johannes Eichner-Stiftung, München, Erika und Werner Krisp, München, die Peter Lackner Family Collection, das Marktarchiv Murnau, die Monacensia, Literaturarchiv und Bibliothek der Stadt München, die Graphik-, Plakat- und Gemäldesammlung des Münchner Stadtmuseums, das Stadtarchiv Starnberg, das Hugo Troendle Archiv, München, sowie zahlreiche private Leihgeber, die nicht genannt werden möchten.

Ganz herzlich möchte ich mich bei den Autoren Frau Dr. Elisabeth Tworek, Leiterin der Monacensia, Literaturarchiv und Bibliothek der Stadt München, und Herrn Ulrich Schnabel, Physiker und Redakteur im Ressort Wissen der Wochenzeitung „DIE ZEIT", bedanken. Dr. Elisabeth Tworek, die bereits zahlreiche Publikationen zu den Lebensorten der Schriftsteller im Alpenvorland herausgegeben hat, hat sich dieses Mal mit den rein persönlichen Aspekten der Landaufenthalte der Künstler beschäftigt. Ulrich Schnabel, u.a. Autor des bereits in 5. Auflage erschienen Buches „Muße. Vom Glück des Nichtstuns", ging dem Einfluss des Müßiggangs auf das Gehirn nach.

Genauso herzlich gilt mein Dank Frau Ingeborg Geith, die wieder mit großer Umsicht einen reich bebilderten Katalog zusammengestellt hat, und Frau Christine Ickerott-Bilgic für die wissenschaftliche Mitarbeit an Katalog und Ausstellung sowie für ihre – im Sinne der Muße – auf ein Exponat konzentrierte Bildbetrachtung.

Sandra Uhrig

Ab- und Ankunftsplan der Züge nach Murnau, 1903 (Kat. 62)

Erika Groth-Schmachtenberger
Kofferentladen in Murnau, 1960er Jahre (Kat. 65)

Impressionen aus Murnau

1 Die Murnauer Familie Streidl, Hauptstraße in Murnau, um 1910 (Kat. 73)
2 „Panorama vom Staffelsee", 1899 (Kat. 68)
3 Strahdrischen im Murnauer Moos, um 1950 (Kat. 81)
4 Murnauer Obermarkt Richtung Süden, um 1920 (Kat. 75)
5 Ansicht von Murnau im Frühling, 1940er Jahre (Kat. 79a)
6 Ansicht von Murnau, ca. 1913 (Kat. 74)

7 Badeanstalten am Staffelsee, um 1920 (Kat. 112)
8 Strandbad Murnau, um 1910 (Kat. 107)
9 Badende auf dem Steg im Strandbad am Staffelsee, 1930er Jahre (Kat. 119)
10 Seeweg-Anlage bei Murnau, vor 1907 (Kat. 72)
11 Lesehalle mit Kurgartenanlage, um 1940 (Kat. 82)
12 Pöltl-Kiosk am Seewaldweg, ca. 1930 (Kat. 118)

13 Blick aus der Fürstalm, 1930er Jahre (Kat. 98)
14 „Murnauer Routen-Buch", 1904 (Kat. 129)
15 Hotel-Pension Schönblick, um 1924 (Kat. 91)
16 Gasthof Post, um 1900 (Kat. 84)
17 Barbara-Keller, Bierkeller der Pantl-Brauerei, 1950er Jahre (Kat. 96)
18 Faltblatt „Murnau Seehausen am Staffelsee grüßt seine Gäste", Farbdruck, 1960er Jahre (Kat. 144)

19 „Wasserski" auf dem Staffelsee, 1930er Jahre (Kat. 120)
20 Reklameblatt, 1932 (Kat. 123)
21 Staffelsee mit Insel Wörth, vor 1926 (Kat. 77)
22 Einheimische Kinder mit Gastkindern auf einem Steg am Staffelsee, 1930er Jahre (Kat. 117)
23 Segelboot auf dem Staffelsee, 1930er Jahre (Kat. 122)

1 Bayerisches Verkehrsbuch, I. Teil: München und das bayerische Hochland, hsrg. vom Verein zur Förderung des Fremdenverkehrs in München und im Bayerischen Hochland, e.V., um 1910 (Kat. 131). Titelillustration von Ferdinand Spiegel, Marktarchiv Murnau

Sandra Uhrig

„Er wollte überhaupt nur die Sonne malen"[1] –

Von Sehnsuchtsorten und Sommerzielen der Künstler im Alpenvorland

„*Murnau am Staffelsee (3 km lang, 2 km breit), 2600 Einw. [...], Ärzte, Apotheke, Ort elektr. beleuchtet, Hochquellwasserleitung, Kanalisation, kath. Kirche und monatlich 1 mal prot. Gottesdienst. Vielbesuchte Sommerfrische, schöne Ausflüge, moor- und eisenhaltige Seebäder im Staffelsee [...], sehr weiches Wasser. Fischereigelegenheit im See. Zwei Badeanstalten [...]*", heißt es um 1910 im Bayerischen Verkehrsbuch, 1. Teil, München und das bayerische Hochland (Abb. 1).

Die Badeanstalten, die alljährlich im Frühjahr mit den aufwendigen Aufbauten von Badehäuschen (Abb. 2, 3) für die Sommersaison beschäftigt waren, zählten seit den Anfängen des Fremdenverkehrs in Murnau zu den besonderen Anziehungspunkten. Bereits Mitte des 19. Jahrhunderts reagierte der Markt mit dem Ankauf von Grundstücken aus Privatbesitz, um für die wachsende Zahl von Sommergästen neue Areale zu schaffen. Der 1868 gegründete Verschönerungsverein kümmerte sich um die Erweiterung und die Pflege der Anlagen und Wege. Kurz nach seiner Gründung ließ der Verein bereits im selben Jahr 246 Alleebäume pflanzen, die alten Badehäuschen wurden versetzt und das Strandbad am 25. Mai 1868 neu eröffnet.[2] Elf Jahre später ließ der Arzt Dr. Stephan Asam 1879 das „Stahlbad & Kurhaus Staffelsee" erbauen. Moor- und eisenhaltige Bäder sollten Murnau zum Heilbad werden lassen und so zur weiteren Entwicklung eines viel frequentierten Fremdenverkehrsortes beitragen.[3] 1897 erschien bereits in zweiter Auflage von Asams Sohn Wilhelm, der ebenfalls Arzt war, „Ein Sommer im Stahlbade am Staffelsee", eine ausführliche und humorvolle Schilderung des Kurbetriebs. Leider war der Eisengehalt von nicht nachweisbarer medizinischer Wirkung, so dass das Heilbaden alsbald aufgegeben werden musste. Der landschaftliche Reiz wirkte jedoch weiterhin ungebrochen und so entstanden Gasthöfe, Hotels und etliche Privatquartiere.

2 Murnauer Strandbad, Fotografie, um 1920, Bildarchiv Schloßmuseum Murnau, Inv. Kr. 846

3 Murnauer Handwerker beim Aufbau der Badehäuschen, um 1910, Privatbesitz

1908 wies das Bezirksamt Weilheim auf den zu fördernden Fremdenverkehr im Murnauer Staffelsee-Boten vom 11.7.1908 hin: „*Die beginnende Fremdensaison gibt [...] im Hinblicke auf die außerordentliche wirtschaftliche Bedeutung des Fremdenverkehrs für den größten Teil des Bezirkes Veranlassung, den beteiligten Bezirksangehörigen (insbesondere den Schenk- und Gastwirten, den Hotelbesitzern, den Pensionsinhabern und Zimmervermietern, den Lohnkutschern, Schiffern, Dienstmännern, Barbesitzern, sowie den Fremdenartikel führenden Kaufleuten) eine möglichst freundliche und zuvorkommende sowie geschäftlich kulante und reelle Behandlung der Fremden, dringlichst anzuempfehlen.*" Der Tourismus, der sich in Murnau zu Beginn ausschließlich auf die Sommersaison konzentrierte, weitete sich ab den 1920er Jahren erst allmählich auf die übrigen Monate aus. Dementsprechend führte die Gemeinde zunächst nur „Verzeichnisse der in Murnau weilenden Sommergäste" (Abb. 4), in welchen die Übernachtungsgäste lediglich in den Monaten von Mai bis September registriert wurden.

4 Titelseite des „Verzeichnis der in Murnau weilenden Sommergäste", 1905–1912, Marktarchiv Murnau

Zu den berühmtesten Sommergästen Murnaus zu Beginn des 20. Jahrhunderts zählen bekanntlich Gabriele Münter und Wassily Kandinsky, Marianne von Werefkin und Alexej Jawlensky. Ihre Aufenthalte im Gasthof Griesbräu und in der Pfarrstraße 235a in Martin Echters „Volks Bazar" sind 1908, 1909 und 1910 durch die hier entstandenen Werke und die untereinander geführte Korrespondenz gut belegt.[4]

1908 wurde aus der Gruppe der Vier jedoch nur Marianne von Werefkin ins Verzeichnis der Sommergäste eingetragen. Der Eintrag, der den Namen, die Berufsbezeichnung oder den gesellschaftlichen Stand, den Herkunftsort und den Vermieternachweis festhalten sollte, lautet: „Werefkin Marianne v./Kunstmalerin/München/Echter Martin/235a". In den Listen von 1909 folgen die Einträge von Gabriele Münter, Wassily Kandinsky (Abb. 5), Alexej Jawlensky und ein weiteres Mal von Marianne von Werefkin.[5] Wer weiter nachschlägt, entdeckt in den Verzeichnissen auch Helene Nesnakomoff, die Haushälterin Werefkins und Mutter von Alexej Jawlenskys Sohn Andreas.

5 Eintrag im „Verzeichnis der in Murnau weilenden Sommergäste", 1905–1912, „Kandinsky Wassily/Kunstmaler/München/Echter Martin/235a", handschriftlich daneben in Bleistift: „ab 12. Juli 1909 bei Streidl, Xaver 33a", Marktarchiv Murnau

6 Fremdenliste vom 22. bis 29. Juni 1901, in: Staffelsee-Bote, 1901, Marktarchiv Murnau

7 Postkarte, Bahnhof-Hotel, Murnau, um 1900, Schloßmuseum Murnau, Sammlung Peter Freude, Inv. 11825

Als Gabriele Münter 1909 das Haus in der Kottmüllerallee erwirbt und es mit Kandinsky bezieht, tauchen folglich in den späteren Listen ihre Namen nicht mehr auf. Allgemein konnten Gäste nur dann erfasst werden, wenn sie mehrtägige Übernachtungsgäste waren und während ihrer Aufenthalte auch bei der Gemeinde gemeldet wurden. Die Murnauer Zeitung, der Staffelsee-Bote, veröffentlichte in regelmäßigen Abständen ebenfalls „Fremdenlisten" (Abb. 6) und „Passantenlisten". Da letztere jedoch nur dann veröffentlicht wurden, wenn *„die Besitzer* [also die Vermieter] *zu den Unkosten dieser Liste beitragen"*[6], sind auch diese sehr lückenhaft.

Die vier Maler waren begeistert von Murnau. Die wie auf ein Plateau gesetzte Lage des Ortes, das davor liegende flache Moos, die sanft ansteigenden Hügel und die dahinter schroff aufragenden Berge, die je nach Wetterlage leuchten, bei Dunst ineinander übergehen oder markant felsig erscheinen, übten auf sie eine große Faszination aus.

1902 waren Kandinsky und Münter bereits während eines längeren Malaufenthaltes im Alpenvorland. Als Lehrer seiner „Phalanx"-Malklasse, zu der seit April/Juni 1902[7] auch Gabriele Münter zählte, führte Kandinsky seine Schüler von Kochel aus in die Umgebung. Auf den Ausflügen zu den Malplätzen, die Gabriele Münter und Kandinsky als einzige aus der Gruppe mit dem Rad zurücklegten (Abb. S. 68), entwickelten sie schon früh eine Vorliebe für diese Region. Im Juli 1904 meldete Kandinsky während einer Radtour an Gabriele Münter: „*Es ist unendlich schön, geliebte* [sic!]*, wirklich ganz großartig; ich hab viel Freude an dieser Tour (wie eigentlich an jeder). Nur ein wenig zu nass und die Leute stören.*"[8] Im August, als Kandinsky im „Bahnhof-Hotel" (Abb. 7) in Murnau übernachtete, schrieb er trotz der verregneten Tage an Gabriele Münter: „*Und doch war es schön. Unglaublich schöne Sachen habe ich im Gebirge gesehen: diese ganz tiefliegende und sich langsam bewegende* [sic!] *Wolken, der düstere dunkelviolette Wald, die blendendweissen Gebäude, sammttiefe Dächer der Kirchen, das sattgrüne Laub habe ich noch immer vor Augen*"[9]. Doch auch nachdem beide Murnau im Juni 1908 noch einmal für wenige Tage besuchten, hielten sie weiterhin Ausschau nach vergleichbaren Plätzen. Innerhalb weniger Tage reisten sie an den Chiemsee, den Attersee, den Mond- und den Wolfgangsee.[10] Murnau blieb jedoch ihr

Favorit, war der Ort doch seit 1879 durch die Bahnlinie angebunden und bequem von München aus (Abb. S. 6 und 9) zu erreichen. Hierher kehrten sie vorerst Mitte August bis Ende September 1908 zurück. In den Wochen ihrer gemeinsamen Aufenthalte mit Werefkin und Jawlensky zwischen 1908 und 1910 schufen sie unzählige Studien und Skizzen von dem Ort und seiner Umgebung. Daneben entstanden gegenseitige Portraits und Motive, die darüber hinaus auch etwas über die Art ihrer Aufenthalte, von ihren Unternehmungen, Ausflügen und Gesprächen erzählen.

Das Malen im Freien hielt Wassily Kandinsky bereits 1908 fest. Sein Gemälde „Gabriele Münter beim Malen der Tochter des Griesbräuwirtes" (Abb. S. 63) zeigt in der Mitte des Bildes die Tochter des damaligen Griesbräuwirtes Josef Urban (Abb. S. 62) und rechts, vor einer Staffelei mit der Palette in der Hand, Gabriele Münter. Vermutlich gab sie ihrem Modell einen Ast in die Hand, um es von einer allzu steifen Haltung abzulenken. Gabriele Münter schrieb über den Murnau-Aufenthalt 1908 in ihr Tagebuch: *„Murnau hatten wir auf einem Ausflug gesehen u. an Jawlensky und Werefkin empfohlen – die uns im Herbst auch hinriefen. Wir wohnten im Griesbräu u. es gefiel uns sehr."*[11] Von der Tochter Josef Urbans ist eine Fotografie überliefert, die sie um 1915 in der Küche des Gasthofes neben ihrer Mutter zeigt. Zur Geschichte des Griesbräus schrieb der Staffelseebote am 17. April 1924 über den Gastwirt: *„Der Griesbräu Urban Josef und seine Gattin Elise hausten nun gerade 30 Jahre auf der altrenomierten Braustätte. Herr Urban baute zu dem soliden alten Griesbräukeller einen leichten Sommerkeller, dem freilich der gewaltige Föhnsturm im Jahr 1919 den Gar ausmachte. Herr Urban braute ein leichtes, aber süffiges Bier, ein „Weiberbier" wie einmal ein Bräumeister sich bezeichnend ausdrückte."*

Die „Verzeichnisse der Sommergäste" weisen für 1909 alle vier Künstler sowie Helene Nesnakomoff nach. Auch Emmi Dresler, eine ehemalige Schülerin aus der „Phalanx"-Malklasse Kandinskys und Freundin Gabriele Münters, ist 1909 vermerkt.

In der Sommersaison 1910 ließen sich Werefkin, Jawlensky, Helene Nesnakomoff und Emmi Dresler erneut in die Listen eintragen.[12] Gabriele Münter und Wassily Kandinsky hatten da bereits ihr Landhäuschen an der Kottmüller-Allee bezogen.

Am 31. Juli 1910 zeichnete Gabriele Münter mehrere Bleistiftstudien einer Kahnpartie auf dem Staffelsee, die sie gemeinsam mit Kandinsky, Werefkin, Jawlensky und dessen Sohn

8 Gabriele Münter, Bootsfahrt, 1910 (Kat. 5)

Andreas unternommen hatte, in ihr Skizzenbuch.[13] Die Zeichnungen stellen die Teilnehmer der Kahnpartie in unterschiedlichen Konstellationen dar. Auf der ersten sind nur Gabriele Münter, Marianne von Werefkin und Jawlenskys Sohn Andreas dargestellt. Auf einer anderen sind alle Personen nur in Rückenansicht mit Jawlensky und seinem Sohn im Vordergrund zu erkennen. Schließlich setzte Münter den stehenden Kandinsky ins Zentrum des Bildes.

Nach diesen Skizzen entstanden u.a. zwei Ölstudien (Abb. 8, 9) sowie eine großformatige, endgültige Fassung (Abb. 10). Auf einer der Ölskizzen als auch auf der endgültigen Fassung ist die Komposition durch die stehende Figur Kandinskys und den schwarzen Hund von Marianne von Werefkin ergänzt. Doch im Vergleich zu den beiden anderen Versionen wirkt die kleinere Ölskizze (Abb. 8) mit den beiden Frauen und dem Kind unmittelbarer und stimmungsvoller. Da die Gesichter abgewandt, bzw. gar nicht ausgeführt sind, bleibt es dem Betrachter überlassen, ein Gespräch zwischen den Frauen, einen Hinweis auf das nahende Ufer und ein verträumt vor sich hinblickendes Kind zu vermuten. Die Gesichter auf der Endfassung blicken dagegen anlässlich einer vermeintlich vergnüglichen Fahrt überraschend ernst auf die Ruderin. Der Grund mag das herannahende Unwetter sein, das sich bereits mit dunklen Wolken im Hintergrund ankündigt. Die Presse tat eine 1910 auf der 2. Ausstellung der „Neuen Künstlervereinigung München" gezeigte Version schlicht als *„Versuche im Stil van Goghs mit Münchner Kunstgewerbefarben"* ab.[14] Fotografien zeigen Gabriele Münter, Marianne von Werefkin, Alexej Jawlensky und seinen Sohn Andreas auf der Straße in Murnau (Abb. S. 66). Ihre Hüte und die Kleidung sind nahezu identisch mit der dargestellten Bekleidung auf den Ölskizzen.

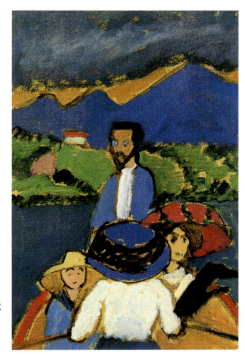

9 Gabriele Münter, Kahnfahrt, 1909, Öl auf Karton, 39×25,5 cm, Sammlung Franz Burda, Offenburg

10 Gabriele Münter, Kahnpartie, 1910, Öl auf Leinwand, 122,5×72,5 cm, Milwaukee Art Museum, Schenkung Mrs. Harry Lynde Bradley

Bereits 1908 ist jedoch noch eine weitere Künstlerin aus dem Kreise der Münchner Künstlerfreunde in Murnau vermerkt. Eine Malerin, über deren Leben und Werk noch wenig bekannt ist. Unter der Nr. 22 (Abb. S. 64) ist Erma Bossi im „Verzeichnis der Sommergäste" aufgelistet.[15] Zumindest ein weiterer Besuch von ihr in Murnau ist durch Gabriele Münters Gemälde „Kandinsky und Erma Bossi am Tisch" von 1909/10 (Abb. S. 65) belegt, das eine Szene im Esszimmer ihres 1909 erworbenen Hauses in Murnau darstellt. Mit aufgestützten Armen beugt sich Erma Bossi am Esstisch des Münter-Hauses aufmerksam ihrem Gegenüber entgegen. Kandinsky, in bayerischer Tracht und mit Wadenwärmern bekleidet, hat die rechte Hand erhoben und scheint ihr etwas zu erläutern. Die hier gezeigte Fassung, seit 2001 in der Dauerausstellung des Schloßmuseums Murnau, ging mit einem weiteren Ölbild der großen Fassung in der Städtischen Galerie im Lenbachhaus und Kunstbau, München, voraus.

Dass Kandinsky es liebte, sich auf dem Land in Lederhosen zu kleiden, belegen Fotografien[16] aus dem Garten und von Spaziergängen. An Arnold Schönberg schrieb er im Rückblick auf ihr erstes Zusammentreffen im Spätsommer 1911 am Starnberger See am 1. Juli 1936: *„Erinnern Sie sich noch, lieber Herr Schönberg, wie wir uns kennen lernten – am Starnberger See – ich kam mit dem Dampfer und kurzer Lederhose an [...]."*[17]

Die im Frühjahr und Sommer verbrachten Wochen und Monate 1909 mündeten für Gabriele Münter im Spätsommer im Kauf des Hauses, das sich der Schreinermeister Xaver Streidl ursprünglich zur Unterbringung von Feriengästen gebaut hatte. Das „Verzeichnis der Sommergäste" vermerkt 1909 seinen Umzug vom „Volks Bazar" von Martin Echter in das Haus von Xaver Streidl mit einer Randnotiz.[18] Gabriele Münter sollte nach der Trennung von Kandinsky in den 1930er Jahren endgültig dorthin zurückkehren und bis zu ihrem Tod 1962 dort wohnen bleiben.

Auch den aus Bruchsal stammenden Maler und Graphiker Hugo Troendle (1882–1955), seit 1908 mit Alexej Jawlensky und Marianne von Werefkin bekannt[19], zog es von München aus, wo er 1906 und nach einem längeren Frankreichaufenthalt seit 1913 wieder wohnte, immer wieder auf Reisen. Für Troendle war das „Unterwegssein" unentbehrlich. Es gab ihm neue Impulse für seine Arbeit und besonders liebte er das einfache, unaufgeregte Landleben: *„Stille Dörfer ohne was besonderes, grosse alte Bäume, Holunderbüsche, volle Wiesen und Kornfelder haben es mir am meisten angetan, stille ländliche Gegend ohne eigentliche Motive, richtiges Land ohne Ereignisse, wie Seen grosse Berge, ohne Fremde, Gegend wo der Bauer still zu beobachten ist und alles noch seinen natürlichen Gang geht."*[20]

Er reiste nach Italien und in die Schweiz, aber auch von München aus immer wieder ins nahe gelegene Umland. Troendle zog es überwiegend in den Norden, ins Dachauer und Erdinger Moos, *„[...] um diesen Alltäglichkeiten zu entfliehen [...]"*[21], aber, obwohl er *„[...] konstatiert, dass das Gebirge mir als Künstler gar nichts gibt [...]"*, auch ins Alpenvorland nach Uffing an den Staffelsee, um wenig später in seinen Aufzeichnungen zu notieren: *„Vom 5. bis 15. August [1927] in Uffing am Staffelsee mit K. S. Gut erholt, aber sonst keine Eindrücke, die Gebirgslandschaft liegt mir nicht. Viele Sommerfrischler, langweilige Sommerfrischler ohne jedes Interesse. Fad und ödes Dahinleben, aber körperlich gut erholt [...]"* (Abb. S. 70). Seine Pastellzeichnung „Badende" trägt links unten die Bezeichnung „Uffing, 1927" (Abb. S. 71).[22] Sie zeigt am Ufer des Staffelsees drei Frauen vor, beim und nach dem Baden, während im Hintergrund ein Segelschiff vorbeizieht.

11 Emanuel von Seidl mit seiner späteren Frau Maria Luberich, um 1915
Schloßmuseum Murnau, Bildarchiv

Doch die Lage am Staffelsee war nicht nur für die interessant, die hier die Ursprünglichkeit und den ungestörten Natureindruck suchten, sondern zog auch diejenigen an, die ein gesellschaftliches Leben außerhalb der Stadt auch auf dem Land nicht missen wollten.

Bereits 1901 hatte sich der Münchner Emanuel von Seidl, wie sein älterer Bruder Gabriel von Seidl Architekt, südlich des Ortes ein Landhaus mit weiträumigen Parkanlagen geschaffen. Seidl war als Architekt mit den Ausstellungsbauten am Isarkai für die Internationale Kunstausstellung 1888 und mit dem Neubau des „Augustiners" in der Neuhauserstraße 1898 in größerem Rahmen bekannt geworden und fand 1910 mit dem „Münchner Haus" auf der Weltausstellung in Brüssel besondere Beachtung. Als sein Bruder Gabriel starb, führte er den Bau des Deutschen Museums bis zu seinem eigenen Tod 1919 weiter.[23] 1906 plante und koordinierte er in Absprache mit dem Verschönerungsverein Murnau die Fassadenneugestaltung des Ober- und Untermarktes und zog weitere Künstler und Kunsthandwerker, u.a. Adolf Hengeler, Julius Dietz und Fritz Behn, nach Murnau. Zusammen mit ihnen und weiteren Kollegen entwarf er ein Gesamtkonzept, das beispielsweise auch die Gestaltung von Geschäfts- und Handwerkszeichen einschloss. Das repräsentative Landhaus mit Park wurde am 1. Oktober 1902 eingeweiht. Bis zu seinem Tod 1919 entstanden weitere Anlagen und Gebäude, u.a. ein Wirtschaftsgebäude, ein Badehäuschen und Gewächshäuser. Emanuel von Seidl lebte mit seiner langjährigen Lebensgefährtin und späteren Frau Maria Luberich (Abb.11) immer wieder in Murnau, wohin er auch zahlreiche Künstlerfreunde wie Franz von Stuck, Friedrich August von Kaulbach, Ludwig Ganghofer und Adelbert Niemeyer als Gäste einlud. Seine Gästebücher von 1902–1909, 1910–1914 und 1915–1919, die sich heute in der Bayerischen Staatsbibliothek in München befinden, zeugen von den zahlreichen Festen und gesellschaftlichen Höhepunkten, die in seinem Landhaus begangen wurden.

Der Illustrator und Graphiker Adolf Hengeler hielt besonders oft die Anlässe in den für ihn charakteristischen, schwungvollen Zeichnungen fest. Von Silvester- und Geburtstagsfeiern bis zu Osterfesten, Schachturnieren und dem ersten Spargel ist so manches humorvoll und höchst künstlerisch dokumentiert. Olaf Gulbransson wiederum zeichnete am 29. Juli 1912 die Gäste Franz von Stuck (Abb.12) und Adolf Hengeler (Abb.13).

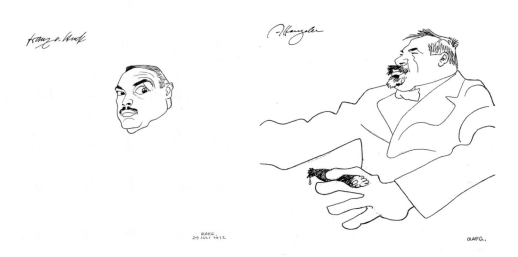

12 Olaf Gulbransson, Zeichnung des Seidl-Gastes Franz von Stuck, Eintrag in das Gästebuch Emanuel von Seidls, 29. Juli 1912,
Foto: Bayerische Staatsbibliothek, München

13 Olaf Gulbransson, Zeichnung des Seidl-Gastes Adolf von Hengeler, Eintrag in das Gästebuch Emanuel von Seidls, 29. Juli 1912,
Foto: Bayerische Staatsbibliothek, München

Welchen Rang diese Feste hatten, zeigt die Freilichtaufführung von William Shakespeares „Ein Sommernachtstraum" durch den Regisseur Max Reinhardt im Seidlpark am 28. August 1910.[24] Neben den Schauspielern aus dem Ensemble Reinhardts und den Freunden und Bekannten von Emanuel von Seidl, trafen auch die Königinnen Elisabeth von Belgien und Marie von Neapel ein. Natürlich fanden nicht alle Gäste Unterkunft bei Emanuel von Seidl und so wusste der Direktor des Münchner Künstlertheaters Georg Fuchs noch 1936 zu berichten: *„Der ganze Markt Murnau, nach seinen Angaben in seiner heimatlichen Schönheit unter Ausmerzung alles Heimat- und Stilwidrigen wiederhergestellt und geradezu terroristisch von ihm in dieser Reinheit erhalten, ward nun mit Einquartierungen belegt: hier wie in den Gasthöfen am See unten, wurde für die Darsteller, Musiker, Tänzerinnen und das Heer der geladenen Ortsunterkunft bereitet, während die Majestäten und Hoheiten mit Gefolge in den beiden eigenen Landhäusern Seidls übernachten sollten."*[25]

Der ehemalige Münchner Akademiedirektor (1886–1891) Friedrich August von Kaulbach, ein gefragter Portraitist der Gesellschaft und Freund von Gabriel und Emanuel von Seidl, hatte bereits 1893 eine Villa mit Atelier in Ohlstadt, 7 km von Murnau, errichtet. 1903 und 1908 ließ er das Haus durch Anbauten erweitern. Mit seiner zweiten Frau Frida, einer Musikerin, und den drei Töchtern Doris, Hedda und Mathilde verlebte er die Sommermonate in Ohlstadt und ging dort in seinem großzügigen Atelier dem Malen und seinen weiteren Leidenschaften, dem Wandern und Jagen, nach. Die Villa diente ihm und seiner Familie jeden Sommer bis 1910 als Sommersitz (Abb. 14, 15 und S. 72, 73).[26]

Die ganze Familie zog meist schon im Mai von München aus dorthin, um die Sommermonate über zu bleiben. Mit Ihnen kamen Dienstboten, ein Lehrer und eine Erzieherin. Schließlich wurde sogar auf dem Heimgarten eine Berghütte errichtet, in der die Familie manchmal über mehrere Tage hinweg übernachtete, wie sich seine Tochter Hedda noch im Alter gerne daran erinnerte. Von 1910 bis zu seinem Tod 1920 lebte Friedrich August von Kaulbach ausschließlich in Ohlstadt.[27] Das Atelier wurde ca. zehn Jahre später von einem anderen berühmten Maler genutzt. Sein Schwiegersohn Max Beckmann, mit Mathilde von Kaulbach seit 1925 verheiratet, nutzte das Atelier in den 1930er Jahren, als er während der politisch und persönlich schweren Zeiten seine Stellung an der Städel-Schule in Frankfurt verloren hatte.

14 Die Familie Kaulbach im Garten der Villa in Ohlstadt, um 1910 (Kat. 27a)

15 Die Töchter Kaulbachs im Ohlstadter Garten, um 1914 (Kat. 27b)

In Kochel hatte Franz Marc seit 1884[28] mit seinen Eltern und seinem Bruder Paul die Sommer seiner Kindheit verbracht und hierher kehrte er auch immer wieder zurück, als er als Student an der Kunstakademie in München eingeschrieben war. Auf der Staffelalm (Abb. S. 75), oberhalb von Benediktbeuern, wohnte er bei dem Senner Hans Müller. 1902 schrieb Hans Müller an Franz Marc: *„Werter Herr Mark! Ich habe heute die Staffelalm bezogen wen Sie Lust und Liebe haben könen Sie mich besuchen auch eine Zeit dableiben nach belieben. Wierde mir sehr Lieb sein wen Sie Ihren Aborat* [mit dem Apparat meint er die Staffelei] *mit nehmen wierden um hie und da ein schönes Bild zumachen wen gerade das Vieh schön bei der Alm Hütte steht."*[29]

Im Februar und März 1906 verbrachte er mit seiner späteren Frau Maria Franck Malaufenthalte in Kochel und kehrte im Mai 1906 erneut dahin zurück. Bis Oktober wohnten sie bei dem Wagnermeister Anton Heinritzi. Aus persönlichen Gründen zogen sich die beiden 1908 überwiegend aus München zurück und verbrachten den Frühsommer bis November in Lenggries. Hans Müller, der ehemalige Senner der Staffelalm, betrieb hier inzwischen eine Pension. Über diesen Sommeraufenthalt und die Art ihrer Motivsuche schrieb Maria Marc: *„Für meinen Mann konnten die ‚Motive' nicht hell und sonnig genug sein, er wollte überhaupt nur die Sonne malen, – und ich war so begeistert durch ihn, dass ich es mit größtem Eifer mittat. So standen wir wochenlang dort und malten am selben Fleck [...]".*[30] An die Suche nach einem geeigneten Sommeraufenthalt, der auch nicht viel kosten durfte, erinnert sich Maria Marc in ihren Aufzeichnungen: *„Als der Winter 1908 zu Ende gehen wollte, wurde überlegt, wo man den Sommer verbringen sollte. Lenggries war zu teuer – zu wenig einsam und auch landschaftlich nicht ganz das, was F. M. suchte. Er hoffte immer einen ganz stillen, abgelegenen Platz zu finden – wo er, womöglich dauernd – ganz zurückgezogen leben konnte – fern von alledem unerquicklichen, unkünstlerischen Betrieb des damaligen München. Irgend jemand erwähnte Sindelsdorf – und man erinnerte sich, dass es ja das Dörfchen sei, das man vom Berg in Kochel in der Sonne liegen sah, als 1906 das grosse Bild mit den beiden Frauen gemalt wurde. Wenn man damals fragte, wie das Dörfchen heisst, sagte er Sindelsdorf u. fügte hinzu – es soll sehr reizlos sein. Er ahnte nicht, was ihm diese reizlos gedachte Gegend einmal werden sollte. Auf einem Winterausflug, dessen Weg auch über Sindelsdorf führte, blieb er dort hängen und mietete sofort eine Wohnung für den Sommer. Die eigenartige Landschaft – den Vorbergen vorgelagert – mit dem charaktervollen bergig-hügeligem Gelände – kam ihm sehr entgegen. Er ahnte auch, dass auf all' den bergigen Wiesen im Sommer u. Herbst das Vieh – die Pferde weiden würden und er war voller Mut, Freude und Hoffnung für seine Arbeit."*[31]

Von Mai bis Ende Oktober 1909 verbrachten Franz Marc und Maria Franck den Sommer in Sindelsdorf bei dem Schreinermeister Josef Niggl. In diesem Zeitraum entstand ihr Gemälde „Hauseingang mit Gartenzaun" (Abb. S. 74), eine Ansicht des Niggl-Hauses. Das Törchen am Zaun steht weit offen und von der Sonne in gleißendes Grün getaucht, wartet einladend die Bank vor dem Haus. Die Tür des Hauses ist ebenfalls weit geöffnet und im Hauseingang genießt eine Katze die wärmende Sonne.

Ein Jahr später zogen sie endgültig von München nach Sindelsdorf (Abb. S. 75). Sie bezogen eine kleine Wohnung im Haus Josef Niggls und Franz Marc konnte sich den Speicher als kleines Atelier ausbauen. Ende des Jahres zog auch Helmuth Macke, der Bruder August Mackes, für ursprünglich gedachte drei Monate in das Haus von Niggl ein, blieb hier jedoch auch bis zum Herbst 1911.

1914 fanden sie in Ried bei Benediktbeuern ein Haus, das Franz Marc gegen sein Elternhaus in Pasing tauschen konnte. Sie bezogen es am 25. April 1914.

„Der Starnbergersee ist unter den vielen und prächtigen Seen des bayerischen Voralpenlandes wohl der anmutigste. Entzückende, reichgegliederte Ufer, ringsum ein heiter grünender Berges- und Hügelkranz, stolze Schlösser und Fürstensitze, Villen und Landhäuser, freundliche Ortschaften und eine weite im Sonnenlichte schimmernde tiefgrüne Wasserfläche, von luxuriös ausgestatteten Dampfern, weißen Seglern, eleganten Jachten und flinken Motorbooten durchzogen, all dies zusammen gibt ein überaus anmutiges, farbenreiches, wechselndes Bild."[32], weiß der Fremdenführer „München und das bayerische Hochland" um 1910 zu berichten.

Hierhin verschlug es auf einem Ausflug auch den Maler Lovis Corinth und seinen Münchner Nachbarn und Freund, den Schriftsteller Josef Ruederer. Ruederer wohnte ein Stockwerk unter Corinths Atelier in der Giselastraße 7 und besuchte den Maler öfters bei der Arbeit. Rückblickend schrieb Corinth über ihr Kennenlernen: *„Ruederer […] bewohnte die Etage unter meinem Atelier. Und da er auch zu den Nörglern zählte, sympathisierten wir bald, und mein Atelier klang bald von schmetterndem Dichtergezwitscher wider."*[33] Mit Ruederer verband Corinth eine enge Freundschaft, die auch nach Corinths Wegzug aus München nach Berlin fortdauerte. Zu den gemeinsamen Freunden zählte ebenfalls der Münchner Maler Carl Strathmann. Am 24. September 1896 schrieben sie aus St. Heinrich am Starnberger See an Ruederers Frau Elisabeth: *„Herzlichen Gruß von uns Beiden! Arbeit geht famos! Dein Josef"* und Corinth vermerkt auf der Karte: *„Sehr verehrte Frau Ruederin, ich lege hiermit ganz ergebenst 1000 Grüsse bei an Sie und die Herrn Kinder. Ihr ergebenster Lovis Corinth."* Die Zeichnung (Abb. S. 77) zeigt beide Künstler unter einem Baum sitzend. Links Ruederer mit einer Leier als Dichter gekennzeichnet, rechts Corinth mit einer Flasche in der Jackentasche beim Malen mit Palette und Staffelei als Maler. Während ihnen beiden jeweils eine Schlange der Ablenkung vom Baum herabzüngelt, strahlen Erfolg verheißend jedoch rechts und links in den Vignetten die Musen. Im Hintergrund hat Corinth neben den grünen Uferwiesen vor den Bergen auch den obligatorischen Dampfer nicht vergessen, der von rechts ins Bild zieht.

Mit dem Stapellauf des Dampfers „Maximilian" im Beisein von König Max II begann im März 1851 die Erholungsschifffahrt auf dem Starnberger See, die zuvor nur mit einfachen Fischerbooten bewerkstelligt worden war.[34] Auch der Wassersport war mit dem ersten Wassersportclub, dem Münchner Ruderclub, seit 1880 am Starnberger See vertreten. Für das Baden im See galt es jedoch Regeln einzuhalten. Das Weilheimer Tagblatt schrieb am 29. Juni 1929: *„Beim Freibaden müssen männliche Personen mit Badehosen mit Beinansatz, weibliche Personen mit Badekostüm bekleidet sein. Das Herumtreiben im Badeanzug auf öffentlichen Wegen, Straßen und Plätzen, Wirtschaftsgärten, auf Dampfschiffstegen oder in unmittelbarer Nähe derselben, sowie in unmittelbarer Nähe von Wohnungen ist verboten. Zuwiderhandlungen werden nach den gesetzlichen Vorschriften bestraft."*[35]

Mädchen und junge Frauen beim Baden oder Rudern auf dem Starnberger See hat in den 1920er Jahren besonders oft der amerikanische Maler Edward Cucuel festgehalten.[36] Cucuel war 1875 in San Francisco als Sohn eines Franzosen und einer Engländerin geboren worden. In den 1890er Jahren ging er nach Paris und trat, vom Vater gefördert, in die Académie Julian und später in die Académie des Beaux-Arts ein. Zurück in New York arbeitete er als Illustrator bei der „New York Herold". Nach Reisen durch Frankreich und Italien arbeitete er für die „Leipziger Illustrierte" und als Korrespondent für die „Illustrated London News".[37] 1907 kam er nach München, wo er in den Kreis der „Scholle"-Maler und insbesonders des Malers Leo Putz und des Kunsthändlers Josef Brakl eintrat. Mit Putz verbrachte Cucuel vier Sommeraufenthalte im Chiemgau. Fritz von Ostini, der die erste Monographie über Cucuel 1924 verfasst hat, schrieb darüber: *„Ihre Freilichtakte, ein Studium, das ja wohl am meisten Cucuels heutige Malerei beeinflussen sollte, malten sie auf einer ganz verwachsenen Insel in einem der Seen die nur für sie erreichbar waren. Dort arbeiteten sie von 8 Uhr morgens bis 6 oder 7 Uhr abends, nahmen ihr Mahl auf der Insel, wo sie in einem kleinen Holzhäuschen bei schlechtem Wetter schützendes Obdach fanden. Spät abends kamen sie im Boot zurück, müde, aber glücklich."*[38]

Von 1914 bis 1918 zog es Cucuel an den Ammersee, danach an den Starnberger See. Das Gemälde „Zwei sitzende Mädchen am Starnberger See" (Abb. S. 79) zeigt eines der für Cucuel in den 1920er Jahren typischen Motive. Vor der Kulisse des Starnberger Sees, auf dem sich in der Nähe des gegenüberliegenden Ufers mehrere Segelboote befinden, sitzen im Vordergrund zwei junge Frauen, die sich im Gespräch einander zugewandt haben. Beide sind in der Mode der 1920er Jahre elegant in Weiß gekleidet. Die linke sitzt auf einem Korbstuhl, neben sich ein kleines Tischchen mit einem abgelegten Buch, und hält in der linken Hand einen Sonnenschirm. Ostini beschrieb Cucuel als *„Frauenmaler, der immer neue Versionen findet, weiblich Anmut zu zeigen [...], sein eigentliches Atelier ist heute, wie gesagt, der Starnberger See"*[39] und *„Kein Platz, der sich besser für Edward Cucuels Arbeit eignete. Sobald der kurze südbayerische Frühling in den wärmenden Frühsommer überzugehen beginnt, zieht der Maler mit seinem Haushalt und einem oder zwei jugendlichen Modellen hier heraus. Eine ungeheuer intensive Arbeit von neun Uhr morgens bis sechs Uhr abends"*.[40] Weitere Werke wie „Am Badesteg", „Im Yachtclub", „Die Badenden" und „Nach der Regatta" erzählen von der Freude des Malers, die Sommerstimmung und die Aktivitäten einzufangen. Sein Werk „Ende des Sommers"[41] hält wehmütig die Stimmung am Ende einer sonnenreichen und unbeschwerten Zeit fest. Eine Frau steht am Fuße einer Treppe und wendet sich, vor dem Gang ins Haus, noch einmal nach dem inzwischen herbstlichen Garten um.

Wie seine Künstlerkollegen, zog es auch den 1863 in Ludwigshafen geborenen Julius Exter, der an der Akademie der Bildenden Künste in München u.a. bei Nikolaus Gysis studiert hatte, neben der Genre- und Portraitmalerei zur Freilichtmalerei hinaus ins Dachauer Moos. Als Gründungsmitglied der „Münchner Secession" hielt er seit 1892 engen Kontakt zu Franz von Stuck, Peter Behrens und Hermann Schlittgen. 1897 gründete er mit dem Maler Mathias Gasteiger eine Mal- und Bildhauerschule. Die Besonderheit dabei war, dass der Unterricht von Mitte April bis Mitte Oktober auf dem Land stattfinden sollte.[42] Als geeigneten Ort wählte man Schloß Deutenhofen bei Hebertshausen, das Gasteiger im Herbst 1897 erworben hatte. In diesem Jahr fuhr Exter mit seiner Verlobten und späteren Frau, der Malerin Anna Köhler, auch an den Chiemsee. Das nächste Jahr zog es sie wieder dorthin, dieses Mal schon in der Absicht, ein Sommerdomizil zu suchen. Man fand es in Übersee in Haus Nr. 152 ½. Am 21. August 1902 erwarben Exters schließlich ein kleines Bauernhaus, das er als Wohn- und Atelierhaus (Abb. 16) auch für seine Sommer-

16 Südfront des Exter-Hauses in Übersee am Chiemsee, 1996 (Kat. 40)

17 Julius Exter mit seiner Tochter Judith im Garten, 1925 (Kat. 41)

malschule nutzte. Nach der Scheidung von seiner Frau verblieb Exter mit seinem Sohn Karl in Feldwies, während seine Frau und seine Tochter Judith 1917 (Abb. 17) nach München zurückkehrten. Exter zog sich zurück und widmete sich vermehrt den Motiven seiner Umgebung. Immer wieder malte er Ansichten seines üppig blühenden Gartens, den er seit 1902 u.a. mit 13 Rosensträuchern, 100 Himbeersträuchern, 12 Stachelbeersträuchern und 30 Johannisbeersträuchern[43] selbst angebaut hatte und liebevoll pflegte. Hinzu kamen Motive vom Chiemsee und der Alpenkulisse. „Badesteg" (Abb. S. 80) und „Badende mit Kahn" (Abb. S. 81) stehen für die expressionistischen, farbkräftigen Bilder der 1920er Jahre, in denen er seinen Stil vervollkommnete.

Etwa zehn Jahre später reiste Max Beckmann für eine Woche auf Einladung von Lilly von Schnitzler, eine begeisterte Mäzenin und versierte Kunstsammlerin, nach Gstadt am Chiemsee. Lilly und Georg von Schnitzler hatten sich für die Sommer 1933 und 1934 auf der Aischinger Höhe ein Haus gemietet. Beckmanns „Blick auf den Chiemsee" (Abb. S. 83), das nach Fotografien erst nach diesem Aufenthalt 1934 in Berlin entstanden ist, zeigt den Blick aus dem Haus über die Terrasse und eine dem Ufer vorgelagerte Wiese auf den sommerlichen Chiemsee.[44] Der Himmel ist wolkenlos, zwei Segelboote sind links auf dem Wasser zu erkennen. Auf der Wiese sind die Bauern dabei, die zu Haufen zusammengerechte Wiesenmahd auf ein Pferdefuhrwerk aufzubringen. Links trennt ein Fahnenmast einen Teil des Bildes ab, das im Vordergrund durch einen blauen Sonnenschirm und eine Sitzgelegenheit bestimmt wird. Der kühlende Schatten zeichnet sich auf dem Weg, der vom Garten zum See führt, dunkel ab. Lilly von Schnitzler schrieb an den ehemaligen Besitzer, Stephan Lackner, über ihre Beziehung zu dem Bild: „ Ich sah dieses Bild im Atelier Grf Speestr. Kurz nachdem es entstanden war – wollte es erwerben, da es seinen Ursprung in e. Aufenthalt Besuch von 1 Woche, bei mir in e. kleinen Landhaus in Gstaadt am Chiemsee, gegenüber der Fraueninsel, hatte, – Beckmann verbrachte 1933 od. 34 (das weiss ich nicht mehr genau, doch mietete ich d. Landhaus nur diese 2 Sommer) als Gast bei mir einige Hochsommertage während der Heuernte. Wir sassen auf der kleinen Terrasse, plauderten tranken Whisky, freuten uns – so gut es noch bei der politisch fragwürdigen Lage damals ging."[45]

Max Beckmann war zu diesem Zeitpunkt seit knapp 10 Jahren mit Mathilde von Kaulbach verheiratet. Seinen Schwiegervater, Friedrich August von Kaulbach, der 1920 starb, hat er nicht mehr kennen gelernt. Einen längeren Sommeraufenthalt verbrachte Beckmann erstmals 1931 in Ohlstadt, nachdem in der Presse mehrere Angriffe auf ihn bezüglich zweier Ausstellungen in Paris und Venedig laut geworden waren. 1933 folgte zusammen mit Willi Baumeister seine Entlassung in Frankfurt aus dem Lehramt an der Städelschen Kunstschule und in diesem Jahr, wie auch 1934, zog Beckmann sich mit seiner Frau erneut nach Ohlstadt zurück, wo er im ehemaligen Atelier Kaulbachs malte.

Als er die Woche in Gstadt bei den Schnitzlers verbringt, ist die politische, wie auch persönliche Lage Beckmanns höchst angespannt und von einer erholsamen Sommerfrische kann keinesfalls die Rede sein. Dennoch sollte ihn die Einladung zum Chiemsee ablenken und Lilly von Schnitzler hat es sicherlich verstanden, ihn durch ihre Kontakte und in Aussicht gestellten Ankäufe ein wenig zu zerstreuen. Dem Gemälde, das Beckmann nach der Rückkehr nach Berlin aus der Erinnerung an diesen Aufenthalt malte, scheint jegliche Bedrohung fern zu liegen. Der hochsommerliche Tag, die Arbeit der Bauern und die Möglichkeit, unter dem Schirm innezuhalten, zeugt von einem Moment der Ruhe auch für ihn.

Ein Künstler, der sich stark am Stil Beckmanns orientierte, war der Maler und Graphiker Karl Hubbuch. Hubbuch lernte 1929, vermutlich im Rheinstrandbad in Rappenwört (bei Karlsruhe) Marianne Beffert kennen, die bis 1933 als sein Modell in zahlreichen Fotografien und Zeichnungen auftaucht.[46] In zwei Graphiken der 1932/33er Jahre portraitierte er sie im Liegestuhl. Die hier abgebildete Arbeit (Abb. 84) zeigt sie schlafend mit überkreuzten Handgelenken und dem im Schlaf zur Seite gerutschten Kopf. Hubbuch setzte mit feinen Strichen die Körperlichkeit der jungen Frau in Kontrast zu dem kantigen Liegestuhl. Während in weichen, schwarzen Strichen Bleistift und Kreide den Rundungen ihres Körpers folgen, rahmt das leuchtende Gelb des Stuhls ihre Gestalt behutsam ein. Eine im Rheinstrandbad entstandene Fotografie (Abb. S. 84) zeigt Marianne Beffert im Badeanzug unter der Dusche.

Karl Hubbuch, der u.a. mit Georg Grosz bei Emil Orlik studierte, besaß neben einem ausgezeichneten fotografischen auch einen kritisch analysierenden Blick. Seit 1924 war er zuerst Zeichenlehrer an der Karlsruher Akademie, dann ab 1928 als Professor der Malklasse tätig. 1933 wurde er durch die Nationalsozialisten mit Berufsverbot belegt. Nach 1945 orientierte er sich stark am Stil Max Beckmanns, kehrte jedoch bald wieder zu der skizzenhaften Malweise der 1930er Jahre zurück.

In den 1960er Jahren schuf er einige ironische Darstellungen seiner Mitmenschen wie „Auf dem Weg zum Strand" und „Vor dem Kurhaus Baden-Baden", 1965. Seine mit farbigen Kreiden, Tusche und Filzstift ausgeführte Zeichnung „Am Tegernsee Rottach-Egern" (Abb. S. 85) zählt ebenso in diese Reihe. Sie zeigt auf der Promenade vorbei ziehende Touristen. Ausflugsmüde und bereits dem nächsten Gasthaus zustrebend, stehen sie stellvertretend für die Masse der Ausflugsgäste, die den Ort im Sommer heimsuchen. Dem Haus links, im alpenländischen Stil mit Lüftlmalerei an der Fassade, wurde dementsprechend bereits ein Parkverbotsschild hinzugefügt. Auch auf dem Wasser vor den Bootshütten wird es eng. Segelboote und ein voll beladenes Ausflugsschiff müssen sich den begrenzten Raum teilen.

Die Seenregion des Alpenvorlandes hat seit der Mitte des 19. Jahrhunderts, aber vor allem seit 1900, zahlreiche Künstler und Kunstschaffende angezogen. Einerseits war diese Region aus München heraus schnell zu erreichen, andererseits war sie durch die Weitläufigkeit der Seenlandschaft, der Moore und des anschließenden Gebirges auch lange Zeit bäuerlich und naturnah geblieben. Die Möglichkeit, fernab vom reglementierten und traditionsgebundenen akademischen Kunstbetrieb, in die Natur hinaus zu gehen, eigene Motive zu suchen und sich in ländlicher Umgebung auf die Natur und das einfache Leben zu konzentrieren, nahmen die arrivierten wie die noch am Anfang stehenden Künstler mit großer Begeisterung wahr.

„Wenn ich ‚Kindheit' denke, denke ich zuerst an Tölz", schrieb Klaus Mann in seinen Memoiren „Kind dieser Zeit" 1932.[47] Seit 1908 verbrachte die Familie von Thomas Mann den Sommer von München aus über mehrere Monate in Bad Tölz.[48] Thomas Manns Biograph Peter de Mendelssohn vermutete, dass sich das Ehepaar Mann an den Freunden und Kollegen orientierte, die wie Gerhard Hauptmann, Hugo von Hofmannsthal und Jakob Wassermann, ebenfalls die Sommer in immer denselben Refugien verbrachten. Erst lebten die Manns in Bad Tölz zur Miete, wenig später in dem von Hugo Roeckl erbauten Haus, das Thomas Mann jedoch neun Jahre später wieder verkaufte, „teils um uns für den Sommer wieder einmal flott zu machen und weil ich die Kinder gern an die Ostsee führen wollte", wie er in einem Brief an Paul Amann schrieb.[49] Für die Kinder war durch das weiträumige Grundstück, die Spiele und Ausflüge in den Ort und die Umgebung genug Abwechslung geboten. Für sie, die sie in Tölz einfacher der strengen Nähe des Vaters entfliehen konnten, brachen in diesen Sommermonaten alljährlich paradiesische Zustände an. Inés Schmied, die damalige Verlobte von Thomas Manns Bruder Heinrich, teilte diese Freude bei einem Besuch 1908 nicht: „[...] diese nüchterne poesielose Gegend. Ein Klex Berge, ein Klex Wiese, ein Klex Wald, von allem ein bisschen. Nichts Großes, nichts Schönes, mit einem Wort nüchtern, bürgerlich, kalt."[50]

18, 19 Monika, Golo, Erika und Klaus Mann in Bad Tölz (Kat. 37 b, c)

Als der Haushalt in Tölz 1917 aufgelöst wurde, fand ein Teil der Möbel in der Poschinger Straße in München Verwendung, während die Kinder (Abb. 18, 19) ein Zuhause verloren: *"Tölz ist das Herz, die Quintessenz des Kindheitsmythos [...] Ich habe das Haus nicht betreten seit dem Tage, da wir es verließen. Freilich erinnere ich mich noch an die Anordnung der Zimmer, der Form und Farbe der Möbel, des weiten Blickes, den man von der Terrasse über das Tal zum Gebirge hatte. Aber alle Details sind verwandelt – zu tief durchtränkt von Heimweh mythisch-glücklicher Vergangenheit [...]"*, äußerte sich Klaus Mann im Rückblick.[51]

Die Sommer der Kindheit sind am sonnigsten, am wärmsten und aus der Distanz der Jahre hinweg, scheinen sie nie geendet zu haben. Die Sommer der Künstler und Schriftsteller, in welchen sie neue Gegenden mit dem Zeichenblock und der Staffelei erkundeten oder zusammen mit Künstlerfreunden malten, debattierten und lebten, ließen Werke entstehen, die uns durch ihre Intensität der eingefangenen Augenblicke ein Stück weit an diesen Idealzustand zurückführen.

Anmerkungen

1 Maria Marc über Franz Marc an die Frau des Kunsthändlers Probst am 25.2.1942, in: Kat. Ausst. Franz Marc 1880–1916, hrsg. von Armin Zweite, Städtische Galerie im Lenbachhaus, München 1980, S. 23.

2 Murnau am Staffelsee/Bayer. Hochland. Führer für Murnau und Umgebung, hrsg. vom Kurbach- und Fremdenverkehrs-Verein, Murnau am Staffelsee, ca. 1925, S. 16 – „Was seit der Vereinsgründung am 29. März 1868 bis heute bewerkstelligt und inventarisiert wurde", Manuskript Verschönerungsverein Murnau e.V. – Ernst Krönner, Murnau. Bilder aus der Vergangenheit, Murnau 1983, Bd. 1, S. 86, 87. – Marion Hruschka, Vom Fremdenverkehr zum Tourismus, in: Markt Murnau am Staffelsee, Beiträge zur Geschichte, hrsg. vom Markt Murnau am Staffelsee, Bd. 1, S. 184–194, S. 184 – Manuskript Marion Hruschka, Zur Geschichte der Badeanlagen am Staffelsee, Marktarchiv Murnau, S. 1.

3 Ernst Krönner, a.a.O., S. 87, 115. Zur Entwicklung des Fremdenverkehrs siehe: Kat. Ausst. „Ziemer zu Vermithen". Von Berchtesgaden bis Zillertal, hrsg. von Franziska Lobenhofer-Hirschbold und Ariane Weidlich, Freilichtmuseum Glentleiten 1999.

4 Zu den genauen Aufenthalten der Künstler Marianne von Werefkin, Alexej Jawlensky, Gabriele Münter und Wassily Kandinsky 1908 und 1909 in Murnau: Brigitte Salmen/Annegret Hoberg, Um 1908 – Kandinsky, Münter, Jawlensky und Werefkin in Murnau, in: Kat. Ausst. 1908/2008. Vor 100 Jahren. Kandinsky, Münter, Jawlensky, Werefkin in Murnau, Schloßmuseum Murnau, Murnau 2008, S. 13–34. – Ebd., Bernd Fäthke, Werefkin und Jawlensky mit Sohn Andreas in der „Murnauer Zeit", S. 37–71.

5 Jeweils unter den Anfangsbuchstaben ihrer Nachnamen, 1908: Marianne von Werefkin, Nr. 24. 1909: Gabriele Münter, Nr. 2 und 9, Wassily Kandinsky, Nr. 1, Marianne von Werefkin, Nr. 1 und Alexej Jawlensky, Nr. 1.

6 Murnauer Tagblatt, 18. Juli 1905. Ob die Sommergäste von den Vermietern gemeldet wurden oder sich selbst bei der Gemeinde anmelden mussten, kann nicht mehr nachvollzogen werden.

7 Annegret Hoberg, Gabriele Münter. Biographie und Photographie 1901 bis 1914, in: Kat. Ausst. Gabriele Münter. Die Jahre mit Kandinsky. Photographien 1902–1914, hrsg. von Helmut Friedel, München 2007, S. 12, Anm. 4.

8 Wassily Kandinsky an Gabriele Münter auf einem Briefbogen „Gruss aus Walchensee", vom „8.?9. [sic!] Juli 1904, Gabriele Münter- und Johannes Eichner-Stiftung, München.

9 Wassily Kandinsky in einer Postkarte vom 25. August 1904 an Gabriele Münter. Siehe dazu: Annegret Hoberg, Gabriele Münter. Biographie und Photographie 1901 bis 1914, in: Kat. Ausst. Gabriele Münter. Die Jahre mit Kandinsky. Photographien 1902–1914, hrsg. von Helmut Friedel, München 2007, S. 30.

10 Gisela Kleine, Gabriele Münter und Wassily Kandinsky. Biographie eines Paares, Frankfurt und Leipzig 1990, S. 316.

11 Annegret Hoberg, Wassily Kandinsky und Gabriele Münter in Murnau und Kochel 1902–1914, München/London/New York 1994, S. 45.

12 Helene Nesnakomoff ist sowohl 1909 (unter Nr. 1) als auch 1910 (unter Nr. 3) im „Verzeichnis der in Murnau weilenden Sommergäste", Marktarchiv Murnau, eingetragen, Emmi Dresler 1909 (unter Nr. 2) und 1910 (unter Nr. 14).

13 Skizzenbuch GM-JE St., Kon. 46/29, S. 27–34. Siehe auch: Kat. Ausst. Gabriele Münter 1877–1962, Städtische Galerie im Kunstbau, München, 1992, Kat. 76, S. 266ff. Taifun Belgin, Jawlenskys Modelle. Zur Person Helene Nesnakommoff, in: Reihe Bild und Wissenschaft. Forschungsbeiträge zu Leben und Werk Alexej von Jawlenskys, Bd. 2, Locarno 2005, S. 81. Belgin identifiziert die Ruderin als Helene Nesnakommoff.

14 Zitiert nach: Kat. Ausst. Der Blaue Reiter und das Neue Bild. Von der „Neuen Künstlervereinigung München" zum „Blauen Reiter", hrsg. von Annegret Hoberg und Helmut Friedel, München/ London/New York 1999, Kat.155, S. 346.
15 Erma Bossi war eine Künstlerin der „Neuen Künstlervereinigung München", die Gabriele Münter u.a. in ihrem Gemälde „Kandinsky und Erma Bossi am Tisch", 1909/10, in mehreren Versionen festhielt. Ein Aufenthalt von Bossi in Murnau kann damit, abgesehen von dem Gemälde, das eine Situation im Murnauer Wohnhaus von Gabriele Münter zeigt, das erste Mal schriftlich belegt werden. Das Schloßmuseum Murnau widmet Erma Bossi vom 25. Juli bis 3. November 2013 eine Sonderausstellung.
16 Kat. Ausst. Gabriele Münter. Die Jahre mit Kandinsky. Photographien 1902–1914, hrsg. von Helmut Friedel, München 2007, S. 226–228.
17 Matthias Schmidt, Arnold Schönberg und Wassily Kandinsky, in: Kat. Ausst. Schönberg, Kandinsky, Blauer Reiter und die Russische Avantgarde, Arnold Schönberg Center, Wien 2000, S.16.
18 Ich danke Frau Dr. Marion Hruschka für den Hinweis. Der Vermerk lautet rechts neben dem Eintrag in Bleistift: „ab 12. Juli 1909 bei Streidl, Xaver 33a".
19 Jan Verkade, Der Antrieb ins Vollkommene. Erinnerungen eines Malermönches, Freiburg i. Br. 1931, S.169ff. – Felix Billeter, Hugo Troendle 1882–1955. Ein moderner Romantiker in München, München 2010, S. 30ff.
20 Billeter, a.a.O., S. 89: Aufzeichnungen von Hugo Troendle, 2.7.1918, Hugo Troendle Archiv, München.
21 Peter Stadler, Nur Idylle? Hugo Troendle. Maler und Graphiker, Dachauer Museumsschriften, Band 9, hrsg. vom Museumsverein Dachau e. V. in Zusammenarbeit mit der Verlagsanstalt „Bayerland", Dachau 1988, S. 27.
22 Billeter, a.a.O., S.122.
23 Joanna Waltraud Kunstmann, Emanuel von Seidl (1856–1919). Villen und Landhäuser, Beiträge zur Kunstwissenschaft, Bd. 52, München 1993 – Gabriele Schickele, Die Münchner Bauten, in: Gabriel von Seidl. Architekt und Naturschützer, hrsg. von Veronika Hofer, München 2002, S.148. – Kat. Ausst. Gelobtes Land. Emanuel von Seidl. Parklandschaft in Murnau. Einst und jetzt – Fotos, Dokumente, Relikte, hrsg. vom Schloßmuseum Murnau, Murnau 1994.
24 Brigitte Salmen, Murnau in Murnau, in: Kat. Ausst. Murnau (Friedrich Wilhelm) in Murnau (Oberbayern), Schloßmuseum Murnau, bearbeitet von Brigitte Salmen, Murnau 2003, S.10ff.
25 Georg Fuchs, Sturm und Drang in München um die Jahrhundertwende, München 1936, S. 246 ff.
26 Andrea Pophanken, Christiane Zeiller, „Macht über mich wirst Du stets nur durch Deine Schwäche haben, niemals durch Deine Stärke haben". Friedrich August von Kaulbach, Quappi und Max Beckmann, S. 22 ff., in: Kat. Ausst. „Ich kann wirklich ganz gut malen". Friedrich August von Kaulbach/Max Beckmann, Schloßmuseum Murnau 2002, bearbeitet von Brigitte Salmen, S. 21ff. und Sandra Landau, Der Blick aus dem Atelier, ebd. S.89.
27 Renate Schostack, Die Tochter des Salonkünstlers. Hedda Schoonderbeek von Kaulbach und die Pläne für ein Museum im bayerischen Jagdhaus, Frankfurter Allgemeine Zeitung, 10.2.1990.
28 Franz Marc. Die Retrospektive, Kat. Ausst. Städtische Galerie im Lenbachhaus und Kunstbau, München, München 2005, S. 309.
29 Siehe Anm.1, S.16.
30 Ebd., S. 28f.
31 Maria Marc, Erinnerungen, Privatbesitz.
32 Siehe Anm. 2, S. 8f.
33 Lovis Corinth, Meine frühen Jahre, Hamburg 1954, S.132ff. – Siehe auch: Kat. Ausst. Schwabing. Kunst und Leben um 1900, hrsg. von Helmut Bauer unter Mitarbeit von Sandra Uhrig, Münchner Stadtmuseum, München 1998, S. 234–239.
34 Roland Gröber, Grüße vom Starnberger See, Feldafing 2003, S. 42 ff.
35 Ebd., S. 37.
36 Siehe dazu auch den Beitrag von Elisabeth Tworek in diesem Katalog, Sommer der Gefühle. Literaten, Musiker und Künstler in der Sommerfrische, S. 31–48.
37 Horst Ludwig, Edward Cucuel. Ein Amerikaner in München, in: Weltkunst, 15. September 1991, 96. Jhg., Nr.18, S. 2639f.
38 Fritz von Ostini, Der Maler Edward Cucuel, Zürich/Wien/Leipzig 1924, S. 22f.
39 Ebd., S. 25.
40 Ebd., S. 35f.
41 Ebd., S. 66.
42 Elmar D. Schmid, Julius Exter. Leben und Werk, in: Kat. Ausst. Julius Exter. Aufbruch in die Moderne, hrsg. von Elmar D. Schmid, mit Beiträgen von Regina Kaltenbrunner, Monika Kretzmer-Diepold und Silvia Siegenthaler, München 1998, S. 30.
43 Monika Kretzmer-Diepold, Der Künstlersitz am Chiemsee. Professor Julius Exter in Übersee-Feldwies, in: Kat. Ausst. Julius Exter. Aufbruch in die Moderne, hrsg. von Elmar D. Schmid, mit Beiträgen von Regina Kaltenbrunner, Monika Kretzmer-Diepold und Silvia Siegenthaler, München 1998, S. 53.
44 Siehe dazu ausführlich: Kat. Ausst. „Bereitschaft zu Risiko". Lilly von Schnitzler. Sammlerin und Mäzenin, bearb. von Brigitte Salmen und Christian Lenz, Schloßmuseum Murnau, Murnau 2011, S. 83 ff.
45 Christian Lenz, in: Kat. Ausst. Lilly von Schnitzler, a.a.O., S. 83. Der Brief befindet sich im Max Beckmann Archiv München.
46 Karin Koschkar, Drehen, Springen, Laufen – Marianne Beffert, in: Kat. Ausst. Karl Hubbuch und das Neue Sehen. Fotografien, Gemälde, Zeichnungen 1925–1935, Münchner Stadtmuseum, München 2011, hrsg. von Ulrich Pohlmann und Karin Koschkar, S. 66.
47 Klaus Mann, Kind dieser Zeit. Autobiographie, Reinbek 1967, S.12.
48 Marianne Krüll, Im Netz der Zauberer. Eine andere Geschichte der Familie Mann, S. 207.
49 Peter de Mendelssohn. Der Zauberer. Das Leben des deutschen Schriftstellers Thomas Mann, Erster Teil 1875–1918, Frankfurt am Main 1975, S.1237.
50 Ebd., S.1237f.
51 Ebd., S.1809.

Elisabeth Tworek

Sommer der Gefühle

Literaten, Musiker und Künstler der Liebe wegen auf dem Land

„Letzten Abend mit Monsieur, aber so kühl. Platonisch geschieden. Mit Erleichterung wieder hier hinaus. So möcht ich's immer. Einsamkeit ... und dazwischen ein schöner Rausch."[1]

Franziska zu Reventlow

„*Gilbert und Johanna pflegten zusammen in der Sonne zu sitzen, zu reden, das Blitzen der Berge zu betrachten, das magische Tong-Tong der Kuhglocken zu hören und sich außerhalb der Welt ... vorzukommen. Johanna trug ein rauchblaues Kleid aus Flor und einen weißen Hut und war wie die Landschaft. Gilbert schaute und staunte, mit entfalteter Seele und schlafendem Verstand. Ein wundervoller, tiefer Friede strömte unterhalb seines Bewußtseins, wie ein Fluß.*"[2] Der englische Schriftsteller D. H. Lawrence beschreibt in seinem Roman „Mr. Noon" von 1921 das Lebensgefühl eines unbeschwerten Sommertages im Isartal inmitten der unberührten Natur. Sein späterer Welterfolg „Lady Chatterley's Lover" von 1928 ist ohne diesen Vorläufer nicht denkbar. Der größte englische Romanschriftsteller des 20. Jahrhunderts brachte mit seinen kühnen Ideen über Ehe, Erziehung, Moral und Religion seine Zeitgenossen auf die Barrikaden. Bis in die 1960er Jahre war „Lady Chatterley's Lover" in zahlreichen Ländern verboten. Gefunden hat D. H. Lawrence sein zentrales Thema, die Beziehung zwischen Mann und Frau ohne Tabus darzustellen, keineswegs in Südengland, wo er eigentlich lebte, sondern ganz in der Nähe von München, im Isartal. Die üppige, fruchtbare Flusslandschaft und die Sinnenlust der dort lebenden Menschen inspirierten ihn zur Intensität seiner sprachlichen Bilder.

Im Mai 1912 waren D. H. Lawrence und seine Geliebte Frieda von Richthofen ins Isartal gekommen, um ihre hart erkämpften „Flitterwochen" zu feiern. Wenige Jahre zuvor hatte der angehende Schriftsteller die verheiratete Frieda Weekley lieben gelernt und im Laufe der Jahre ihrem Ehemann förmlich abgerungen. Frieda von Richthofen hatte dafür ihre drei Kinder bei ihrem Ehemann in England zurücklassen müssen. Mit dem stellungslosen Lehrer, der sich damals mühsam mit dem Schreiben von Gedichten über Wasser hielt, war sie in den Süden durchgebrannt. „*Die Frieda und ich haben unser Zusammenleben in Beuerberg im Isartal angefangen – im Mai 1912 – und wie schön es war!*" schreibt D. H. Lawrence am 2. Juni 1912 in deutscher Sprache aus Beuerberg an einen Freund. Acht Tage lang blieben die beiden in dem kleinen Bauerndorf.

Dann mieteten sie sich in Icking eine Ferienwohnung im obersten Stock der Gemischtwaren-Handlung Leitner. Der Kultursoziologe und Volkswirtschaftler Alfred Weber, verstrickt in eine Dreiecksbeziehung mit Frieda von Richthofens Schwester Else, hatte ihnen das Feriendomizil vermittelt. Seit mehreren Jahren wohnte Alfred Weber den Sommer über im ersten Stock des stattlichen Anwesens. Er wollte seiner Geliebten möglichst nahe sein. Else Jaffé war damals verheiratet mit dem Ökonom und Professor der Wirtschaftswissenschaft Edgar Jaffé und liiert mit Alfred Webers Bruder, dem berühmten Soziologen und Philosophieprofessor Max Weber. D.H. Lawrence und Frieda von Richthofen blieben bis zum 4. August 1912. Sie frühstückten auf dem Balkon hoch über der Dorfstraße und genossen den großartigen Blick auf die grüne Isar und die blauen Berge in der Ferne. Da die beiden praktisch kein Geld hatten, lebten sie von frischen Eiern, Beeren und dunklem Bauernbrot, das sie in der bäuerlichen Nachbarschaft kauften. In seinem Roman „Söhne und Liebhaber" beschreibt D.H. Lawrence die besondere Atmosphäre, die schon damals Tausende von Sommerfrischler ins Alpenvorland zog: *„Wer das bayerische Hochland und die Vorgebirge durchwandert, spürt bald, hier ist die andere Welt einer fremdartigen Religion. Es ist eine fremdartige Landschaft, entlegen, für sich."*3

Im einfachen Leben dieser Bauern und Handwerker spürte der kränkelnde D.H. Lawrence etwas, das er bisher so sehr vermisst hatte: Wärme, Gefühlstiefe und vor allem ungebrochene Vitalität. *„Einmal gingen Gilbert und Johanna abends ins Wirtshaus, wo Zithern näselten und Männer in ihren schweren Bergschuhen den Schuhplattler tanzten. Es herrschte ungestümes Durcheinander, ungestümer Lärm und ein Gefühl ungestümer Vitalität. Gilbert, mit seiner fatalen Zurückhaltung, zögerte, mitzumachen. Außerdem konnte er den Tanz nicht. Aber Johanna, die mit strahlendem, erregtem Gesicht zusah, wurde aufgefordert und nahm den Tanz an. In all dem Rauch und Staub wurde sie von einem lüsternen Dörfler mit langen Schnurrbart und kleinem Tirolerhut in den Tanz geführt. Wie kräftig und muskulös er war, das grobe männliche Tier mit seinen großen, neugierigen blauen Augen! Er packte sie mit seinen großen Händen unter den Brüsten und warf sie im Augenblick des Tanzhöhepunktes in die Luft und stampfte wie ein Stier mit seinen großen beschuhten Füßen. Und Johanna stieß einen bewußtlosen Schrei aus, wie ihn eine Frau auf dem Höhepunkt der Umarmung ausstößt. Und der Bauer blitzte sie aus seinen großen, blauen Augen an und fing sie wieder auf."*4

Liebesleben im Isartal

Das Isartal muss für die Sinne besonders aufreizend gewesen sein. Jedenfalls verleitete es auch andere Literaten von internationalem Rang dazu, aus dem engen Korsett der bürgerlichen Konventionen auszubrechen und draußen auf dem Land Lebensentwürfe gegen das etablierte Leben zu wagen. Dazu gehörten der Dichter Rainer Maria Rilke, die Frauenrechtlerin Anita Augspurg, die Malerin und Literatin Franziska zu Reventlow und der Schriftsteller Franz Hessel. Warum die weich gehügelte Flusslandschaft mit steil abfallenden Wiesen so vielen Künstlern zu aufregenden Liebesabenteuern verhalf, lässt sich nur vermuten. Die Bewegung in der frischen Luft, die Gespräche auf der Veranda, die Sonnenuntergänge in der Natur und das Rauschen der nahen Isar taten ihr übriges, dass sich die Sinne so ganz entfalten konnten. Franziska Gräfin zu Reventlow notiert am 9. August 1901 in ihr Tagebuch: *„Freitag noch einmal nach Schäftlarn. Mit Anita Augspurg Abends im Dunkel gebadet und vormittags in heißer Sonne. Und dann zurück nach München. Vom Sommer Abschied, aus all der glühenden sonnigen Welt zurücksinken."*5

Damals liebte sie gerade den Philosophen und Graphologen Ludwig Klages, der zum Kreis der Kosmiker gehörte. 1899 hatte er Franziska zu Reventlow auf einem seiner samstägigen Spaziergänge durch das Isartal kennengelernt und sie bald darauf vergöttert. Weil Franziska zu Reventlow einen Sohn hatte, dessen Vater sie nicht preisgab, und weil sie ihren Lebensunterhalt bei Bedarf durch Liebesdienste finanzierte, war sie für ihn die Verkörperung der „Mutter und Hetäre" zugleich. Bevorzugt hielt sich Franziska zu Reventlow im Isartal auf, wo sie bisweilen in Schäftlarn in der Klosterwirtschaft gegenüber dem Benediktiner-Kloster logierte. Ihre autobiographische Erzählung „Von Paul zu Pedro" von 1912 bezeugt, dass der Aufenthalt in der Sommerfrische genügend Raum für Liebesabenteuer bot. Lebenshungrige höhere Töchter und frustrierte Ehefrauen treffen in der Erzählung ganz entspannt auf Junggesellen und Ehemänner, die auf Abwechslung aus sind. Franziska zu Reventlow nennt diesen Typ von Mann „Paul": *„Man lernt ihn in Sommerfrischen, in Hotels und auf Reisen kennen: an einem festen Wohnort – nein, ich glaube kaum, höchstens wenn er sich vorübergehend dort aufhält. Zu Paul gehören immer Koffer und Kellner ... Es dauert auch nie sehr lange, bis man sich kennt, duzt (mit Paul muß man sich duzen, es geht nicht anders) und ganz genau weiß, wie sich nun alles entwickeln wird ... Paul ist auch selten eifersüchtig, wahrscheinlich, weil er sich seiner wechselvollen Vergänglichkeit dunkel bewußt ist."*[6]

Die Chaos erprobte Intellektuellen-Avantgarde brach aus dem nahe gelegenen städtischen Dorf Schwabing aufs Land auf. Im Isartal begegneten die Künstler und Literaten sinnenfrohen und humorvollen Menschen, die ihren Alltag nach klaren eigenen Regeln und Ritualen gestalteten. In Biergärten, Gasthäusern und bei Dorffesten spielte sich ihr Gesellschaftsleben ab. Rang und Name galten bei diesen bäuerlichen Menschen wenig. Vielmehr fanden sich Leute aller Schichten als Gleiche unter Gleichen zusammen. Ihr starker Sinn für das Dekorative und Theatralische schlug sich in blumengeschmückten Fenstern, farbenfrohen Bauerngärten und Trachten nieder. Das gefiel der künstlerischen Avantgarde aus den Großstädten Europas. Die Bohemiens rebellierten auf kreative Weise gegen das streng hierarchische Machtgefüge des Kaiserreiches. Fernab der züchtigen Blicke der eigenen gesellschaftlichen Schicht, die klatschsüchtig und mit Argusaugen über jede Art von Normabweichung wachte, lebten die Bohemiens auf dem Land nach ihren eigenen freizügigen Vorstellungen. Aber auch dort stießen sie bisweilen an Tabugrenzen.

Im Sommer 1897 entdeckten Rainer Maria Rilke und Lou Andreas-Salomé in Wolfratshausen ihre große Liebe zueinander. Die Stadt im Isartal war damals ein beliebter Ort für Sommergäste und Tagesausflügler, die mit der Isartalbahn aus München kamen. Auch Rilke und Lou Andreas-Salomé kamen mit der Bahn. Am 20. Juni 1897 mietete die Schriftstellerin zusammen mit ihrer Freundin, der Reiseschriftstellerin Frieda von Bülow, für vier Wochen das Lutz-Häuschen gleich neben der Stadtpfarrkirche. Sie bekamen häufig Besuch von Lous Ehemann F.C. Andreas, dem Jugendstil-Architekten August Endell, dem russischen Schriftsteller Akim Wolinskij und dem Schriftsteller Jakob Wassermann. Bei ihm hatte Rainer Maria Rilke, gerade einmal 22 Jahre alt, die 14 Jahre ältere Lou Andreas-Salomé kennengelernt. Rilke wohnte seit September 1896 in München in der Blütenstraße und war ein häufiger Gast des Café Luitpold, veröffentlichte in den Zeitschriften „Simplicissimus" und „Jugend", bemühte sich mit Gedichten um Gräfin zu Reventlow und pflegte gesellschaftliche Kontakte zur Schwabinger Boheme. Für ihn war klar, dass er Dichter werden würde. Er mietete am 19. Juni 1897, also einen Tag früher als Lou Andreas-Salomé, für vier Wochen ein Quartier im sehr einsam gelegenen Fahnensattler-Haus. Drei Wochen später übersiedelte Lou Andreas-Salomé zu ihm ins „Haus Loufried", wie die beiden zärtlich ihre neue Bleibe nannten. So hatten sie es offenbar verabredet: „*(Rilke) und ich begaben uns auf die Suche nach etwas Gebirgsnahem draußen; wechselten, hinausziehend, in Wolfratshausen auch noch mal unser Häuschen ... ins erste Häuslein zog noch Frieda mit hinaus; beim zweiten, einem in den Berg gebauten Bauernheim, überließ man uns die Stätte überm Kuhstall ... darüber wehte in grobem Leinen, handgroß mit „Loufried" schwarzgemalt, unsere Flagge, von August Endell verfertigt, der sich mit Rainer bald freundschaftlich verband; er half uns auch, die drei ineinandergehenden Kammern durch schöne Decken, Kissen und Geräte anheimelnd zu machen.*"[7] Zwischen Lou Andreas-Salomé und Rainer Maria Rilke entwickelte sich eine heftige Liebesaffaire. Lou galt als eine der faszinierendsten Gestalten ihrer Zeit. Sie war in St. Petersburg aufgewachsen und entstammte einer wohlhabenden deutschdänischen Familie. Als Rilke sie kennenlernte, hatte sich Lou als Verfasserin autobiographischer Romane, einer Nietzsche-Biographie und eines Buches über Henrik Ibsens Frauengestalten bereits einen Namen gemacht. Verheiratet war sie mit dem Orientalisten Friedrich Carl Andreas, verweigerte ihrem Mann jedoch die körperliche Liebe. Rilke vergötterte Lou Andreas-Salomé von Anfang an. Im Isartal erwiderte sie schließlich seine große Liebe und akzeptierte ihn als Mensch, als Dichter und als Liebhaber. Für die nächsten knapp vier Jahre wurde Lou der wichtigste Mensch in Rilkes Leben.

Für Rilke war Wolfratshausen ein Ort des Liebes- und Lebensglücks. Unter Lous Einfluss wurde aus dem Großstadtliteraten ein Dichter, dem das bewusste Erleben der Natur, gesunde Ernährung, viel Bewegung und eine einfache Lebensführung über alles gingen.

In der Sommerfrische auf dem Land formte Rilke seine Handschrift zu einer gepflegten gleichmäßigen Kunstschrift um. Außerdem legte er sich einen neuen Vornamen zu. Aus René wurde Rainer. Das Isartal war für den angehenden Dichter der Ursprung vieler wunderschöner Liebesgedichte, Novellen, Erkenntnisse, aber vor allem Briefe. Sie verraten, wie Rilke den Tag verbrachte und wie sehr er sich nach Lou sehnte. Nicht immer schien in der Sommerfrische die Sonne. Als Lou Andreas-Salomé für einige Wochen allein nach Hallein reiste, schrieb ihr Rilke an einem verregneten Sonntag: „*... nach Tisch schlief ich mich immer tiefer in meine Ermüdung, las Rembrandt und Velasquez theilweise durch und ging gegen 6 Uhr, trotzdem es unaufhörlich regnete, den Ort entlang an der Kastenmühle vorbei, die Straße gegen Dorfen. In Gedanken ging ich weiter an der kleinen Kirche und ihrem traurigen Friedhofe hin, zum Atelier der Wald- und Rythmenmenschen, welches einsam und verödet ist und befand mich unversehens auf jenem Wiesenpfad, den wir am ersten Abend gegangen sind in das goldene Dorfen hinein. Es war heute herbstlich und uferlos und auch über ihm lag dicht der perlgraue Regen ... Das ist mir alles lieb geworden wie eine Heimat ... und bis ich von alledem Abschied genommen habe, und das wird in 3 oder 4 Tagen sein, kehre ich nach München zurück. Was soll ich hier?*"[8]

Rilke und Lou Andreas-Salomé im Garten des Lutz-Häuschens, Sommer 1897
Foto: Münchner Stadtmuseum Grafik/Plakat/Gemälde

Das berühmteste Dreiecksverhältnis der Filmgeschichte „Jules und Jim" spielte sich in Wirklichkeit im August 1920 in Hohenschäftlarn in der „Villa Heimat" ab. Der Berliner Schriftsteller Franz Hessel, der seit kurzem wieder in Deutschland lebte, mietete im August 1920 für sich, seine Ehefrau Helen, geb. Grund, und die beiden Söhne Uli und Kadi den Sommer über ein Haus „an der Leiten". Helen schwärmte: *„Es giebt in Hohenschäftlarn (…) ein Häuschen ganz für sich, (…) alles umgeben von Gemüse und Obstgarten und großen Lawn ein wenig welliges Gelände und das alles (…) für 150 M. im Monat."*[9]

Um ihre Ehe stand es zu dieser Zeit nicht gut. Am 20. August bekamen die Hessels Besuch aus Paris. Henri-Pierre Roché, Kunstmakler, Übersetzer und Schriftsteller und seit langem mit dem Paar gut befreundet, hatte sich auf ein paar erholsame Wochen in Hohenschäftlarn angesagt. Zwischen den dreien entspann sich eine komplizierte Dreiecksbeziehung, die sich Henri-Pierre Roché im hohen Alter von der Seele schrieb. Sein Roman bildete die Vorlage für François Truffauts weltberühmten Film „Jules und Jim" mit Oskar Werner als Jules und Jeanne Moreau als Catherine.

Viele Details des Romans sind authentisch. Das geht aus den Tagebüchern Helen Hessels hervor, die inzwischen auf französisch vorliegen. *„Sonntag 22. August 1920. Strahlender Sonnenschein. Ich gehe in meinem weißen Pyjama nach unten. Pierre und Franz im Eßzimmer. Ich drehe mich auf den Zehenspitzen, um mich zu zeigen. Die Seide ist weich, ganz leicht. Hessel bittet mich, ihm beim Manuskript zu helfen. Das tue ich gern. Rolf Reventlow ist gekommen. Garten. Matratze. Pierre leiht mir seinen Federhalter. Ich mag seine Sachen gern. Ernsthafte Arbeit. Das Wort Schwangerschaft ekelt mich. Diskussion. Freud. Pierre macht Fotos von ganz nah. Ich bin weder verwirrt noch verliebt. Als das Manuskript fertig ist, große Spiele auf dem Rasen. Tennisschläger. Der Bogen. Ich bin ungeschickt. Pierre macht Tanzschritte. Mir ist zu heiß. Heimlich übe ich Bogenschießen. Pierre ist ehrgeizig. Ich auch. (…) Pierres Faust auf dem Tisch. Ich lege meine Hand darauf. Stille. Helen: Ihre Faust ist wie ein Krummstab, auf den man sich stützen kann. Pierre und Helen auf der Matratze. In den Armen von Pierre. Wie Blut, das fließt. Erleichterung. Heiterkeit. Keine Sentimentalität. Das höchste Spiel. Ich helfe ihm schlecht. Ich frage mich, ob er ein Programm hat. Von dem Moment an, wo der Gott mich verläßt, habe ich das Gefühl, daß wir zu dritt sind. Daß Pierre durch sein Geschlecht ersetzt wird, – er geht weg und läßt mich allein mit diesem Monster."*[10]

Die ungewöhnlichen Sommergäste in der „Villa Heimat" erregten im Dorf Hohenschäftlarn Aufsehen. Während ihres Aufenthalts kam ein Gendarm mit einer Anzeige für Helen: sie sei im Dorf in Männerkleidern gesehen worden. 20 Mark Strafe. Und auch Roché wurde angezeigt: ein junges Hausmädchen hätte ihn nackt im Garten bei den Hühnern gesehen. Er fürchtete, als Ausländer wegen unzüchtiger Handlungen ausgewiesen zu werden, was abgewendet werden konnte. Mitte Oktober musste Roché zurück nach Paris. Die Hessels zogen im Frühjahr 1921 endgültig nach Berlin und trennten sich wenige Zeit später.

Zu Klang-Studien in Garmisch

Zwischen 1892 und 1897 verbrachten der englische Komponist Sir Edward Elgar und seine Frau Alice die Sommer regelmäßig im Werdenfelser Land und studierten Sitten und Bräuche der Einheimischen. Reisen zur Erholung war im ausgehenden 19. Jahrhundert nur den wohlhabenden Schichten vorbehalten. Für die Arbeiterklasse und den unteren Mittelstand waren Reisen unerschwinglich. Edward Elgar, einer der bedeutendsten englischen Musiker, war ein großer Freund der oberbayerischen Lebensart. Auf diesen kleinen Flecken Erde war er durch den deutschstämmigen Maler Hubert von Herkomer aufmerksam geworden, der sich in England einen Namen gemacht hatte. Edward Elgar hatte seine Bilder mit bäuerlichen Motiven rund um Garmisch in der Grosvenor Gallery in London gesehen und sofort Feuer gefangen. Diese Region am Alpenrand wollte der gerade 35-Jährige unbedingt kennenlernen. Meist kamen die Elgars mit dem Schiff und mit der Bahn erster Klasse über Dover-Ostende. Die Leidenschaft zu Richard Wagners Musik führte sie dabei regelmäßig nach München. 1892 stiegen sie erstmals im „Hotel Vier Jahreszeiten" ab. Sie fuhren hinaus zum Starnberger See, besuchten die Wagner-Festspiele in Bayreuth, besichtigten die alten Meister in der Alten Pinakothek und genossen in den Münchner Biergärten die bairischen Wurstspezialitäten mit Semmelknödel und Sauerkraut und vor allem das dunkle Bier. Ein Jahr später kamen sie wieder nach München. Nach wenigen Tagen setzten sie ihre Reise nach Garmisch fort, in die Pension Bader, die fest in englischer Hand war. Seit mehreren Jahren betrieben die englischen Wirtsleute Slingsy-Bethells die 30-Betten-Pension: „*In der Pension Bader fanden wir unseren Inbegriff von Friede und Ruhe abends unten auf der Veranda. Wir wachten im Schatten des Wettersteingebirges auf, im Westen standen die imposanten Waxnsteine, die das geheimnisvolle Höllental in sich bergen.*"[11]

In der Villa Bader gefiel es den Elgars so gut, dass sie von nun an bis 1897 regelmäßig die Sommerfrische dort verbrachten. Damals war Garmisch noch ein Dorf, das erst seit dem Ausbau der Eisenbahn 1889 zunehmend Touristen anlockte. Meist kamen die Elgars in der ersten Augustwoche und blieben gute vier Wochen lang. Edward Elgar erholte sich bei Golf und Fußball und schrieb in Stunden der Muße das Libretto zu „Lux Christi" („The Light of Life") und die Sketchmusik für die Geschichte vom Blinden Mann. Und während Edward Elgar komponierte, übertrug seine Frau Alice bairische Volkslieder und Schnadahüpferl freizügig ins Englische. Sie sprach gut deutsch und zeigte sich gerne im Dirndl. Vor allem die Holzhäuser und Holzbalkone mit ihren bunten Blumen hatten es Edward Elgar angetan und auch die langen Dachrinnen, die das Wasser weit weg vom Haus hielten. Das aufgeschichtete Holz vor den Bauernhäusern machte ihn auf die Menschen neugierig, in deren Nähe er sich Zuhause fühlte, auch wenn er ihre Sprache nicht verstand. In sein Tagebuch schrieb er: „*Schwalben füttern ihre Jungen, indem sie durch ein Fenster ein- und ausfliegen. Regen, Donner – Rückzug in die Hütte – Bauern spielten und sangen kurz nach der Heuernte. Sie schüttelten mit jedermann Hände. Die Bauern bleiben über Nacht auf der Alm – Feuer brennen am Abend – Almabtrieb – Kuhglocken und Karren, die Ochsen ziehen.*"[12]

Viel Zeit verwendete Elgar auf die bairische Volksmusik. Besonders die im Werdenfelser Land üblichen Volkslieder, Schnadahüpferl und Volkstänze faszinierten den britischen Komponisten. In den Gastwirtschaften schaute er den Schuhplattlern zu, die zur Zithermusik tanzten.

Wie seinen Landsmann D.H. Lawrence faszinierte ihn, wie die Einheimischen mit den Händen auf die Schenkel und Schuhsohlen schlugen. Auch bei den regelmäßig stattfindenden Heimatabenden im Hotel „Drei Mohren" beobachtete er, wie die Burschen im Tanz die Mädchen umgarnten. Edward Elgar hätte am liebsten alles mit seiner Kamera festgehalten. So auch die Gewitter mit Blitz und Donner, die in den Gebirgstälern durch das Echo der Berge ein einmaliges Schauspiel boten. Die Klangkulisse eines strahlenden Sommertages begeisterte ihn. In seinen Tagebuchaufzeichnungen registrierte er minutiös sowohl das Läuten der Kirchenglocken als auch das Geläut der Kuhglocken beim Almabtrieb, was für ihn den charakteristischen Klangteppich dieser Gegend ausmachte.

Die Elgars unternahmen ausgedehnte Bergwanderungen auf die Hochalp und Spaziergänge zu einsamen Weilern, wie Wamberg, St. Anton und Hammersbach. In diesen Ortsnamen entdeckte Edward Elgar die Untertitel für seine Komposition „Scenes from the Bavarian Highlands" und verband damit seine Musik topographisch fest mit dem Werdenfelser Land. Mit dieser sinnesfrohen Komposition reflektierte Edward Elgar die Heiterkeit und Lebensfreude der oberbayerischen Menschen. Alle seine in Garmisch gewonnenen Eindrücke hatten direkt oder indirekt Einfluss auf diese Musik, die voll von lokalen Rhythmen, Melodien und Harmonien ist.

Komponiert hat Edward Elgar seine Lieder allerdings nicht in Garmisch, sondern aus der Erinnerung im Frühjahr 1895 in Worcestershire, wo er seit vielen Jahren lebte. Die Orchesterfassung „Three Bavarian Dances" wurde zwei Jahre später uraufgeführt. Damit hatte Edward Elgar dieser Alpenregion ein musikalisches Denkmal gesetzt, zwanzig Jahre bevor der Komponist Richard Strauss sie in seiner „Alpensymphonie" musikalisch verewigte. Die beiden bedeutenden Komponisten schätzten einander sehr und trafen sich 1897 bei dem letzten Garmisch-Aufenthalt der Elgars mehrmals. Als der Erste Weltkrieg ausbrach, musste die britische Gemeinde Garmisch verlassen und mit ihnen ging auch Pensionsbesitzer Henry Slingsby-Bethells zurück nach England.

Garmisch, Frühlingsstrasse mit Waxnsteinen
Foto: Monacensia. Literaturarchiv und Bibliothek, München

Künstlerkolonie mit Alpenpanorama

Im Sommer 1910 kam ein Sommergast nach Murnau, der den Namen des Marktfleckens auf ganz eigene Art weltweit bekannt machte: der Filmpionier Friedrich Wilhelm Murnau. Der größte Filmregisseur der Stummfilmzeit entdeckte als Friedrich Wilhelm Plumpe den Markt Murnau und wählte kurz darauf den Ortsnamen zu seinem Pseudonym. Der neue Name ermöglichte ihm, sich eine eigene Identität aufzubauen, jenseits der restriktiven Zukunftspläne seines Vaters, eines geschäftstüchtigen Tuchfabrikanten aus Wuppertal. Unter falschem Namen konnte Friedrich Wilhelm Plumpe heimlich die Schauspielschule besuchen, ein Liebesleben seiner Wahl führen und die ersten Gehversuche am Theater unternehmen. So weltberühmte Stummfilme wie „Nosferatu", „Der letzte Mann", „Faust", „Sunrise" und „Tabu" drehte er unter diesem Namen. In den Zwanziger Jahren entstanden, sind diese Filme bis heute von filmhistorisch epochaler Bedeutung geblieben.

Nicht erst durch F. W. Murnau, vielmehr bereits durch die Mitglieder des „Blauen Reiter" wurde Murnau zum Inbegriff in der modernen Kunstgeschichte. Wassily Kandinsky und Gabriele Münter lebten von 1908 bis 1914 in einem kleinen Landhaus am Ortsrand, bei den Einheimischen bis heute „Russenhaus" genannt. Häufig bekamen sie in Murnau Besuch vom Malerfreund Franz Marc aus dem nahegelegenen Sindelsdorf. Der wiederum war eng befreundet mit Else Lasker-Schüler, die F. W. Plumpe alias F. W. Murnau durch dessen engsten Freund, den expressionistischen Dichter Hans Ehrenbaum-Degele, kannte. Else Lasker-Schüler, die expressionistische Dichterin, und F. W. Murnau, der spätere Meister des expressionistischen Films, schrieben sich viele Briefe, ihm widmete Else Lasker-Schüler das Gedicht „Wir drei".

Anfang des Jahrhunderts war der „Kurort mit Stahlbad" eine Art Geheimtipp für Sommerfrischler und Wohlhabende aus der Stadt, aber auch ein Treffpunkt für viele Künstler, die sich von der Schönheit der Gegend angezogen fühlten. Murnau war zwar kein Worpswede am Alpenrand, aber immerhin ein prominenter Künstlertreff. Murnau hatte um 1910 circa 2500 Einwohner und war bereits seit mehreren Jahrzehnten ein beliebter „Bade-, Höhen- und Luftkurort". Seit der Anbindung an die Eisenbahnstrecke 1879 hatte sich das Geschäft mit den Sommerfrischlern zur Haupteinnahmequelle entwickelt. Während der Sommermonate kamen bis zu 1700 Gäste. Um 1889 stammten 70 Prozent der Sommergäste aus dem damals zweieinviertel Bahnstunden entfernten München, 20 Prozent kamen aus dem restlichen Bayern, drei Prozent aus Staaten des Deutschen Reiches und nur ein Prozent kam aus dem Ausland. Erfahrungen mit „Zugereisten" aus dem Ausland hatte man in Murnau also wenig, als sich Gabriele Münter und ihr russischer Lebensgefährte dort niederließen. In ganz Bayern wurden Sommerfrischler – ob Bayern, Deutsche oder Ausländer – von den Einheimischen „Fremde" genannt. Das „Fremdenverkehrsamt" vermittelte „Fremdenzimmer" und „Fremdenführer", in denen zu lesen war: *Der Sommerfrischler von heutzutage ist meist ein gar anspruchsvolles Wesen. Er wünscht mit dem Sommeraufenthalt neben der Erholung verbunden eine schöne Reise, am Platze eine schöne billige Wohnung, gute Verpflegung, angenehme Unterhaltung, ozonreiche Luft, schattige Spazierwege, herrliche Umgebung, heilkräftige Bäder: Kneipps Jünger wünschen auch große Grasflächen; Sportsmänner verlangen Gelegenheit zum Scheibenschießen und Fischen, Rudern, Schwimmen, Turnen, Velozipedfahren und Bergsteigen etc. etc. All dies bietet in recht reichem Maße*

Murnau am Staffelsee. Also auf und wage es wenigstens einmal mit einem Versuche! Es wird Dich nie und nimmermehr gereuen."[13]

Um 1910 betrug die jährliche Durchschnittsfrequenz der zwei Murnauer Badeanstalten am Staffelsee 30.000 Besucher. Gebadet wurde streng nach Geschlechtern getrennt. Die Malerin und Schriftstellerin Franziska Gräfin zu Reventlow kam gerne mit ihrem Sohn Bubi und Freunden aus dem 70 km entfernten München an den Staffelsee. Die Sommerfrische am Wasser erinnerte sie an ihre Kindheit in Husum. In Murnau wirkte sie beim Sonnwendfeuer als „Lichtträger" mit. In ihr Tagebuch notiert sie am 26. Juni 1901: *„Samstag nach Murnau, A., Sonni und ich bei großer Hitze, dort gleich gebadet, nachher gerudert, ich, Baschl und Bubi über den See gefahren, an Jugendzeiten gedacht, wo ich den halben Tag auf dem Wasser war … Abends ich den Luzi (gemacht). Der Bubi Entzücken über die schönen Faune in Costümen."*[14]

Tagebuch von Franziska Gräfin zu Reventlow, Juli 1901
Monacensia. Literaturarchiv und Bibliothek, München

Franziska Gräfin zu Reventlow und ihr Sohn Rolf, ca. 1901
Foto: Münchner Stadtmuseum
Grafik/Plakat/Gemälde

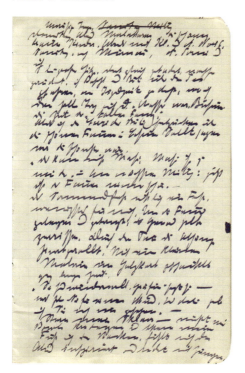

Doch zurück zu Friedrich Wilhelm Murnau. Eine enge Freundschaft verband den Sohn des reichen Tuchfabrikanten Heinrich Plumpe mit dem Dichter Hans Ehrenbaum-Degele. Beide wechselten im April 1910 von der Universität Berlin nach Heidelberg, wo sie sich für die Fächer Germanistik, Romanistik, Kunstgeschichte und Philosophie einschrieben. Die Semesterferien nutzten sie zu gemeinsamen Reisen und Wanderungen. Eine dieser Ausflüge führte die beiden im August 1910 nach Murnau. Zu dieser Zeit führte der Theaterregisseur Max Reinhardt im Park des Murnauer Landhauses von Emanuel von Seidl, Stararchitekt aus München, inmitten von Hügeln, Schluchten, Weihern, Wasserfällen, Hainen und Wiesen den „Sommernachtstraum" im Freien auf. Liebevoll steht auf dem Programmzettel als Veranstaltungsort „Naturtheater im Gelobten Land". Sicher hatte der Theaternarr F. W. Plumpe die berühmte Inszenierung des Sommernachtstraumes von

Max Reinhardt im Deutschen Theater in Berlin gesehen. Jetzt nutzte er die Gelegenheit, zusammen mit seinem Freund Hans Ehrenbaum-Degele die legendäre Inszenierung ganz aus der Nähe an Naturschauplätzen zu verfolgen. Ob Max Reinhardt ihn dazu eingeladen hatte, wissen wir nicht. Auf jeden Fall kannte Max Reinhardt den jungen Friedrich Wilhelm Plumpe persönlich.

Möglicherweise wurde F.W. Plumpe in Murnau schlagartig klar, dass das Theater der Ort ist, wo er eigentlich hingehört, wo er alle seine diametralen Sehnsüchte kanalisieren kann. Vielleicht war es auch ein einschneidendes Liebeserlebnis, das den späteren Stummfilmregisseur mit dem Ort Murnau verband: die Wahl des Pseudonyms „Murnau", quasi ein Liebesbekenntnis an den expressionistischen Dichter Hans Ehrenbaum-Degele, und Murnau der Ort, wo beide sich ihre Liebe zueinander eingestanden. So jedenfalls sieht es F.W. Murnaus erste Biographin Lotte H. Eisner: *„Auch des Vaters wegen nannte er sich, als er Schauspieler wurde, zuerst Helmuth, dann Wilhelm Murnau, wohl eines Liebeserlebnisses wegen nach der kleinen bayerischen Stadt Murnau, in die er mit seinem Freund Ehrenbaum-Degele auf seinen Reisen gekommen sein mag."*[15]

Später gestand F.W. Murnau der Schauspielerin Camilla Horn, die in seiner legendären „Faust"-Verfilmung das Gretchen spielte, warum er „Murnau" als Pseudonym wählte. Camilla Horn: *„Das Zimmer war nicht sehr hell. Es war nicht so ein sonniges. (...) Und ein buntes Bild hing mir gegenüber – es war ein Aquarell, und man las genau darunter „Murnau". Und – na ja – aus Verlegenheit oder war es was anderes – fragte ich ihn damals, wieso Murnau, ob das seine Heimatstadt wäre. Nein, nein, nein, sagte er, mit diesem Ort verbindet mich eine wichtige Phase meines Daseins, meiner Karriere, meines Lebens kann man sagen. Und ungefähr so, sagte er, wie Sie jetzt, was Sie jetzt hier durchmachen, das habe ich dort ungefähr erlebt."*[16]

Fest steht, dass sich Friedrich Wilhelm Plumpe an Weihnachten 1910 zum ersten Mal „Friedrich Wilhelm Murnau" nannte; da ist er gerade einmal 21 Jahre alt. Er verschenkte eine Oscar-Wilde-Ausgabe mit der Widmung „F.W. Murnau – Weihnachten 1910", die sich heute im Besitz des Schloßmuseums Murnau befindet. Ein halbes Jahr später, Ende des Sommersemesters 1911, brach er sein Studium ab und wurde Schauspiel-Eleve bei Max Reinhardt.

Der Filmpionier Friedrich Wilhelm Murnau bei Murnau 1924.
Das Foto wurde auf der Straße zwischen Eschenlohe und Oberau aufgenommen. F.W. Murnaus Kabriolet steht vor der „Buchwies". Bis in die 1960er Jahre blühten dort die Enziane. Heute ist dort ein Golfplatz.
Foto: Privatbesitz

Hugo Ball im Englischen Garten in München, 1912
Foto aus: Hugo Ball (1886–1986). Leben und Werk, Kat. Ausst. Wasgauhalle Pirmasens u.a., Berlin 1986, Kat. 39.

Nach dem Ersten Weltkrieg blieb Murnau ein beliebter Treffpunkt für Künstler und Literaten. Einer von ihnen war der Biograph und Schriftsteller Hugo Ball, der sich in der Belle Epoque als Mitbegründer der Dada-Bewegung und als Pionier des Lautgedichts einen Namen gemacht hatte. Im Frühjahr 1922 besuchte er die Malerin Gabriele Münter in ihrem Haus in Murnau. Seit seiner Heirat mit der Schriftstellerin Emmy Hennings am 21. Februar 1920 hatte sich Hugo Ball in das kleine Dorf Agnuzzo unterhalb von Montagnola im Schweizer Kanton Tessin zurückgezogen. Seither verband Hugo Ball eine enge Freundschaft mit dem Schriftsteller Hermann Hesse, der 1919 endgültig ins Tessin übergesiedelt war und zunächst in Minusio am Lago Maggiore und später in Montagnola, bei Lugano lebte.

Im Frühjahr 1922 weilte Hugo Ball einige Wochen in München und nutzte Ende März 1922 die Gelegenheit, zu Gabriele Münter nach Murnau zu fahren. Die Schülerin und langjährige Lebensgefährtin des Malers Wassily Kandinsky nennt Hugo Ball in seinem Brief an Hermann Hesse „Frau Kandinsky", obwohl Wassily Kandinsky damals längst mit Nina von Andreewsky verheiratet war. Am 29. März 1922 schreibt Hugo Ball aus München: „*Einige Tage war ich auch verreist. Nun, es war keine große Reise. Frau Kandinsky, die ich bei Bekannten wieder traf, hatte mich in ihr Häuschen nach Murnau eingeladen. Ich war nur einen Tag dort und bewunderte die vielen prächtigen Glasbilder, die ihr Gatte dort hinterlassen hat. Vor dem Kriege sah dieses Häuschen öfters Arnold Schönberg und Franz Marc. Jetzt ist es ganz vereinsamt. Ein paar verstreute Veilchen blühten im Garten. Ein Vogel sang auf der Eiche, die vor dem Eingang steht. Es war wie ein Sonntag auf dem Friedhof. Es schien mir so phantastisch, dass ich flüchtete.*"[17]

Nur wenige Monate später, Ende Juli 1922, bezog Herr Edmund von Horváth, Ministerialrat mit Frau, Söhnen, Mutter und Dienstpersonal aus München im Anwesen Jakob Utzschneider Logis. Das dokumentiert die „Kur- und Fremden-Liste des Marktes Murnau" vom 25. Juli 1922, eine regelmäßig erscheinende Beilage in der Lokalzeitung „Staffelsee-Bote". Sie informierte die Einheimischen und Gäste darüber, welche Sommerfrischler für wie lange welche Unterkunft bezogen. Die Horváths kamen zum dritten Mal in die Sommerfrische nach Murnau. Entdeckt hatten sie den malerischen Ort 1920 auf einer Spritztour mit dem Auto durch das Alpenvorland. „*Der Vater trifft einen alten Bekannten, man macht Station in Murnau. Man bleibt in Murnau, im Hotel Fröhler in der Bahnhofstrasse 4*".[18] Ein Jahr später kaufte der Ministerialrat Edmund von Horváth schräg gegenüber in der Bahnhofstraße ein Grundstück und ließ nach eigenen Plänen ein kleines Landhaus errichten. Im Herbst 1924 war es bezugsfertig und diente der Familie neben dem Münchner Domizil als Sommersitz.

Etwa zur gleichen Zeit, am 22. September 1924, brachte die Münchner Satirezeitschrift „Simplicissimus" als erste Zeitschrift die Kurzgeschichten „Der Faustkampf", „Das Harfenkonzert" und „Die Meinung des lieben Gottes" von Ödön von Horváth heraus. Es waren die ersten von insgesamt siebenundzwanzig solcher „Sportmärchen", die der angehende Schriftsteller mit der Hand in ein Poesie-Album geschrieben hatte. Ödön von Horváth hatte es seiner damaligen Geliebten Felizia Seyd mit den Worten gewidmet: „*Oh, könnt ich nur schreiben so sauber und rein. Für mein buchstabierendes Lizzilein!*"[19] Auf der letzten Seite des Albums steht: „*Geschichten zu Murnau im Jahre des Heils 1924 im Monate Sep-*

tember. Dieses Buch wurde in einem Exemplar auf ff. Bütten, in Leder gebunden, und vom Autor signiert, hergestellt. Nr.1 Ödön von Horváth."[20]

Der damals 23-Jährige hatte zwei Jahre zuvor sein Studium der Germanistik, Kunstgeschichte und Theaterwissenschaft an der Universität München abgebrochen und mit dem „Buch der Tänze" erste Gehversuche als Schriftsteller gemacht. Er fühlte sich zum Schriftsteller geboren. Fotos zeigen das junge Paar im Garten der Villa unbeschwert in die Sonne blinzeln. Horváths Freundin Felizia Seyd, genannt Lizzy, war acht Jahre älter als er. Später schrieb sie darüber: „Ödöns und meine Beziehung war zauberhaft (im Anfang), aber vielleicht allzu typisch für junge Menschen. Wir waren mehr an uns selbst interessiert als aneinander. Ich war älter und in mancher Beziehung blasierter, auch politisch gesehen, was uns langsam auseinanderbrachte. Ich hatte schon mehrere Jahre Amerika hinter mir und eine eben beendete Schweizer Scheidung und war immer mit einem Fuß in Paris. Was wir gemeinsam hatten, war unsere Liebe für Lyrik und Märchen und „all things phantastic", und grüne Wiesen und die Natur, aber Einfluß auf den späteren Ödön als Schriftsteller und Dramatiker hatte ich nicht."[21]

Im Todesjahr von Ödön von Horváth 1938 erschien Felizia Seyds einziger Roman „Sommer der Verwirrung", in dem sie die gemeinsame Zeit mit Ödön von Horváth in der Sommerfrische literarisch Revue passieren lässt. Eine Bergtour mit Freunden vergleicht die Protagonistin im Roman mit einer Liebesnacht: „Alle, die ins Gebirge gehen, sind Liebende des Berges und erleben das Wunder, in den Armen des Geliebten versinken zu dürfen. Mit allem, das wirklich gefangennimmt, ist es so. Man sinkt und sinkt, um in der Tiefe ruhigere Sphären und den großen Frieden der Bewußtlosigkeit zu finden ..."[22] Als Felizia Seyd in die USA auswanderte, nahm sie das Poesie-Album mit. Später schickte es die Lehrerin und Publizistin nach Deutschland an Horváths besten Freund Heiner Emhardt zurück. Im Begleitbrief vom 15. September 1966 steht: „Vor allem wollte ich Dir, lieber Heiner, ja auch Oedoen's handgeschriebene Sportmaerchen zukommen lassen, da ich immer fuerchten muss, dass sie eventuell hier verloren gehen; und wenn sie auch eine stark persoenliche Note mit anklingen lassen, so sind sie doch besser bei Dir und spaeter bei Lucy aufgehoben. Vielleicht bist Du so gut, sie ihm zukommen zu lassen."[23]

Ödön von Horváth mit Freunden im Murnauer Strandbad, 1920er Jahre
Foto: Schloßmuseum Murnau, Bildarchiv

Ödön von Horváth mit Freunden auf der Fürst-Alm, 1920er Jahre
Foto: Schloßmuseum Murnau, Bildarchiv

Felizia Seyd und Ödön von Horváth im Garten
der Murnauer Villa, 1924
Foto: Schloßmuseum Murnau, Bildarchiv

Ödön von Horváth, im Gras liegend
mit Zigarillo, um 1924
Foto: Schloßmuseum Murnau, Bildarchiv

Heiner Emhardt war der Bruder von Ödön von Horváths Schwägerin Gustl Emhardt. Ihren Erinnerungen verdanken wir viele Details, wie Ödön von Horváth und seine Freunde die Sommerfrische am Staffelsee verbrachten. Ödön von Horváth raufte mit seinem Schriftstellerkollegen Wolf Justin Hartmann und lag faul mit seinen Münchner Künstlerfreunden Lukas Kristl und Klaus Mann in der Sonne. Manchmal kamen der Regisseur Francesco von Mendelsohn, der Schriftsteller Carl Zuckmayer und der Schauspieler Gustaf Gründgens aus Berlin zu Besuch. Sie alle liebten das Treiben am Staffelsee. Nach dem Baden und Rudern kehrten sie im „Gasthof Seerose", im „Strandcafé" oder im noblen „Kurhotel Staffelsee" ein. Das Strandhotel bot um die Jahrhundertwende den Schönen und Reichen aus dem nahegelegenen München „ausgezeichnete Moor- und heilkräftige Sol- und Fichtennadelbäder" an. Doch auch für Gäste aus dem Ausland bot das Nobelhotel adäquate Logis: „Je nachdem, welche Nation die gute Valuta hatte, waren die meisten Sommergäste Ungarn oder Schweden, Dänen oder Amerikaner. Und es gab viele Künstler, mit denen man sich am Abend zum Tanzen traf und zum Debattieren."[24] An den Wochenenden machten Horváth und seine Freunde auf der Suche nach der typisch bairischen Lebensart die umliegenden Dörfer unsicher: „Als wir später einmal in einem oberbayerischen Dorf tanzen gingen, machten wir eine Verschnaufpause an der frischen Luft. Kirche und Friedhof lagen neben dem Tanzlokal, und als die Uhr Mitternacht schlug, schickten mich die Brüder Horváth zur Mutprobe auf den Friedhof."[25]

Rückzug nach Ettal

Die Schönheit der Voralpenlandschaft zog noch einen anderen ausländischen Künstler an: den russischen Komponisten Sergej Prokofjew, den später sein musikalisches Märchen „Peter und der Wolf" (1936) bekannt gemacht hatte. Im März 1922 meldete er sich ordnungsgemäß bei der Gemeindebehörde Ettal an. Nach dem bolschewistischen Umsturz war Prokofjew 1917 mit sowjetischem Reisepass ins Ausland gegangen, weil er sich von der Neuen Welt eine bessere Zukunft versprach. Er hatte in Paris, London und in der Bretagne gelebt, bevor er das kleine, von Bergen umringte bayerische Dorf entdeckte: *„Im März 1922 übersiedelte ich nach Süddeutschland, in die Nähe des Klosters Ettal an den Ausläufern der Bayerischen Alpen, drei Kilometer von Oberammergau entfernt, das durch seine mittelalterlichen, alle zehn Jahre stattfindenden Passionsspiele berühmt ist, eine malerische und ruhige Gegend, zum Arbeiten geradezu ideal."*[26]

In der „Villa Christopherus" schräg gegenüber dem Landwirtschaftstrakt des Benediktinerklosters gefiel es Sergej Prokofjew so gut, dass er bis Dezember 1923, also fast zwei Jahre lang, blieb. Begleitet wurde der Komponist von seiner Mutter, die in der Abgeschiedenheit der Berge Erholung suchte. Aus dem Fenster konnte man auf die umliegenden Wiesen und Felder schauen, die unterhalb der dicht bewaldeten Berge lagen. Im Salon stand ein Flügel, auf dem Prokofjews Mutter und er häufig Konzerte gaben. Die Farbenpracht der Ettaler Sommerwiesen erinnerte den jungen Komponisten an seine glückliche Kindheit und Jugend in Sonzowka in Südrussland, in der Nähe von Jalta. Dort war Prokofjew auf einem Gutshof aufgewachsen. In seiner Autobiographie schreibt Prokofjew: *„Ende April und im Mai schimmerte (die Steppe) von Tausenden Feldblumen, und danach, im Sommer, erhob sich das graue Federgras darüber. Früher aber, in den Zeiten der Tartaren, war der Teil der unberührten Steppe noch viel größer, und ganze Blumenteppiche wechselten, soweit das Auge reichte, mit grünen Weizenfeldern ab."*[27]

Prokofjew bekam oft Besuch von Carolina Codina, seiner späteren Frau. Sie lebte damals in Paris und schloss gerade ihr Gesangstudium ab. Die beiden unternahmen ausgedehnte Wanderungen und Spaziergänge. Carolina Codina erinnerte sich später: *„Alles rings herum atmete Stille. Es gab malerische Berggipfel. Bauern in ihren bayerischen Bergtrachten (...) Sergej Sergejewitsch führte ein dickes Buch über Botanik mit sich, für die er sich zu der Zeit – wie schon in seiner Kindheit – sehr interessierte. Wir sammelten Blumen und Pflanzen während unserer Wanderungen, sagten ihre Namen auf und sortierten sie nach Gattungen: dabei mussten wir oft das Buch heranziehen. Wenn (Prokofjew) eine Wildblume fand, die er schon in seiner Kindheit gekannt hatte, wurde er ganz glücklich, so als habe er einen alten Bekannten getroffen. Er erinnerte sich an Sonzowka und seine Felder."*[28]

Die Zeit in Ettal war für Prokofjew eine künstlerisch äußerst produktive Zeit. Wie ein Seismograph nahm er Anregungen und Einflüsse seiner unmittelbaren Umgebung auf. Die Ruhe und Spiritualität des Ortes begünstigte seine intensive schöpferische Arbeit. Er bereitete die Reinschriften der Klavierauszüge zu seiner Oper „Die Liebe zu den drei Orangen" und zum Märchen vom „Schut" für den Druck vor. Sie wurden kurz darauf im neu gegründeten Verlag Guthheil in Paris veröffentlicht. In Ettal bearbeitete er auch sein Zweites Klavierkonzert und komponierte die Fünfte Klaviersonate C-Dur. Die meiste Zeit aber beschäftigte ihn seine neue Oper „Der feurige Engel". Prokofjew komponierte die

Musik und schrieb das Libretto. Diese Oper hat den Gegensatz von Wissenschaft und Humanismus einerseits und Religion und Okkultismus andererseits im Europa der Inquisition zum Thema. Inspiriert wurde sie vom mystischen Geist der klösterlichen Umgebung in Ettal, so Sergej Prokofjew in seiner „Autobiographie": *„Ich machte mich an den ‚Feurigen Engel', und gerade spielten sich irgendwo in der Nähe auch Hexensabbate ab, wie sie in dieser Oper beschrieben sind."*[29]

Am 8. Oktober 1923 heirateten Carolina Codina – die von da an Lina Prokofjewa hieß – und Sergej Prokofiew in Ettal. Trauzeugen waren Prokofjews Mutter und sein Freund Boris Baschkirow, der den Gemeindeunterlagen nach ebenfalls in Ettal wohnte. Carolina Codina stammte aus Madrid und war väterlicherseits spanischer Herkunft. Prokofjew hatte sie in New York kennengelernt und in Paris häufig während seiner Konzertreisen besucht.

„Die Konzerte, zu denen ich von Ettal aus fuhr, waren über Frankreich, England, Belgien, Italien und Spanien verstreut. Es ist sonderbar, daß ich während anderthalb Jahren Aufenthalts in Deutschland und nicht mehr als zwei Stunden von einem solchen Zentrum wie München entfernt, keine einzige Verbindung mit der deutschen Musikwelt anknüpfte ... und das musikalische Zentrum blieb für mich nach wie vor Paris."[30]

Kontakte etwa zum Komponisten Richard Strauss, der nur wenige Kilometer weiter in Garmisch wohnte, bestanden nicht. Seiner Musik stand Prokofjew genauso fern wie der Musik von Richard Wagner. Prokofjew suchte den Anschluss an die neueste europäische Musikwelt, an die Avantgarde Frankreichs und der Sowjetunion. Im Dezember 1923 verließ Prokofjew mit seiner Familie Ettal und zog nach Paris. Dort wurden im Februar 1924 und 1928 seine beiden Söhne geboren. Die Witwe des Komponisten Lina Prokofjewa besuchte als Vierundachtzigjährige im Dezember 1981 noch einmal Ettal. Ins Gästebuch des Klosters schrieb sie: *„Ich finde keine Wort, um meine Gefühle bei einem Besuch in Ettal zu beschreiben, wo ich vor 57 Jahren mit meinem Mann und seiner Mutter lebte. Inspiriert von den Bergen dieser Landschaft schuf er in dieser ruhigen Atmosphäre seine Oper ‚Der feurige Engel'."*

Sergej Prokofjew und Lina Prokofjewna, 1920er Jahre
Foto: Kloster Ettal, Bildarchiv

Blick auf die Ettaler Klosteranlage
Foto: Kloster Ettal, Bildarchiv

Sommeridylle am Starnberger See

Zu den bürgerlichen Träumen des beginnenden 20. Jahrhunderts gehörte der Aufbruch, der Tapetenwechsel. Ein weit verzweigtes Eisenbahnnetz machte ab Mitte des 19. Jahrhunderts auch entlegene Winkel des Alpenvorlandes für Erholungsuchende zugänglich. Von München aus konnte man seit 1856 mit der Bahn bequem an den Starnberger See reisen. War es zuvor nur dem Geldadel und der Aristokratie vorbehalten, die Sommerfrische vor den Toren der Stadt zu genießen, kamen nun Maler, Bildhauer, Schriftsteller und Musiker in Scharen an den Starnberger See.

Einer von ihnen war Walter Benjamin, den es 1916 an den Starnberger See zog. Der spätere Geschichtsphilosoph, Essayist, Literaturkritiker und Übersetzer verbrachte den Sommer zusammen mit Dora Sophie Pollak in Seeshaupt in der Villa ihres Ehemannes Max Pollak. Um die Ehe der Pollaks stand es zu diesem Zeitpunkt schlecht. „*Es wurde die Fiktion aufrechterhalten, dass Max Pollak nur zufällig habe verreisen müssen, während sich in Wirklichkeit die beiden Ehegatten in Scheidung befanden. Ich wurde gebeten, über den Ort meines Besuchs völliges Schweigen zu bewahren.*"[31] schreibt der jüdische Religionsphilosoph Gershom Scholem. Im Sommer 1915 waren sich Benjamin und Scholem erstmals persönlich begegnet. Ein Jahr später lud Benjamin seinen Bekannten Scholem für drei Tage nach Seeshaupt ein. In den Erinnerungen von Gershom Scholem „Walter Benjamin – die Geschichte einer Freundschaft" sind diese drei Tage genauestens dokumentiert. „*Wir fuhren dann am Sonntagabend bei strömendem Regen, der erst am Abend vor meiner Abreise nachließ, hinaus, und ich war in der ganzen Zeit nur eine halbe Stunde zu einem Spaziergang draußen, und blieb sonst durchgehend im Hause Pollak.*"[32] In Seeshaupt wurde viel diskutiert, gelesen und Schach gespielt. Dora Pollak erwies sich für Gershom Scholem als aufmerksame Gesprächspartnerin: „*Einen großen Teil der Zeit beteiligte sie sich an den Gesprächen, mit sehr viel Verve und offenkundiger Einfühlungsgabe. Kurz, sie machte auf mich einen ausgezeichneten Eindruck.*"[33]

Walter Benjamin war im Winter 1915 seiner damaligen Verlobten Grete Radt zum Studieren nach München gefolgt, wo seine Verlobte schon studierte. Als er Dora Pollak kennen- und lieben lernte, löste er diese Verlobung. Noch 1916 ließ sich Dora Pollak scheiden: „*Dora war eine ausgesprochen schöne, elegante Frau, mit dunkelblondem Haar und etwas größer als Benjamin. Vom ersten Moment an brachte sie mir freundschaftliche Sympathie entgegen. … Ich verstand sofort die Situation: beide trugen ihre Neigung zueinander offenkundig zur Schau und behandelten mich als eine Art Mitverschworenen, obwohl kein Wort über die Umstände, die in ihrem Leben eingetreten waren, fiel.*"[34]

Der Sommer 1916 muss für Walter Benjamin sehr nervenaufreibend gewesen sein. Jedenfalls schreibt er am 20. Juli 1916 aus Seeshaupt an einen Freund: „*Dieser Sommer ist ohne Sonne. Im Traum erscheint mir abwechselnd die Hölle und der Teufel … Immerhin gibt nichts Ihnen vom Grau der Wiesen und Wälder des Sees und der Atmosphäre einen Begriff; das ganze Land ist wie ein ohnmächtiges Gewitter.*"[35] Im April 1917 heirateten Walter Benjamin und Dora Pollak. Ein Jahr später kam der gemeinsame Sohn Stefan zur Welt.

Edward Cucuel vor seiner Staffelei mit zwei jugendlichen Modellen, 1920er Jahre. Foto aus: Ohne Geist keine Kunst. Starnberger Künstlerleben im 19. und 20. Jahrhundert, S. 67

Edward Cucuel, Sommer, um 1928 Privatbesitz

1918, im selben Jahr, zog es den Zeitungsillustrator und Maler Edward Cucuel und seine Ehefrau, die Malerin Lotte von Marcard, hinaus nach Starnberg. Seit 1907 hatte der in San Francisco geborene Künstler in München gelebt, wo er sich der Künstlervereinigung „Die Scholle" um den Südtiroler Leo Putz angeschlossen hatte. Die beiden wohnten in einem kleinen Sommerhaus am Unteren Seeweg direkt am See. Edward Cucuels Biograph Fritz von Ostini beschreibt die Starnberger Sommerbleibe: „*Das Milieu des Würmsees war von besonders günstiger Wirkung auf seine Kunst ... Hier hat er seinen Studienplatz in einem großen, etwas verwilderten Ufergarten des südlichen Starnberg, einem Garten mit vielen alten und merkwürdigen Baumgruppen, mit Bootshütte, einem kleinen Hafen, Landungssteg und Gebüschen, die es möglich machen, Modelle, unbelästigt von Lauschern, zu stellen ... und auf dem blausilbernen Wasser kreuzen zu jeder Tageszeit ungezählte Boote mit weißen Segeln.*"[36] Seine Modelle waren bevorzugt anmutige junge Damen, die Cucuel wie Blumen in der Landschaft am Ufer des Starnberger Sees plazierte. Die in Starnberg entstandenen Bilder strahlen die Heiterkeit eines unbeschwerten, lichtdurchfluteten Sommers aus. Bei Kriegsbeginn 1939 gingen Edward und Lotte Cucuel zurück nach Kalifornien. Später sehnte sich Cucuel an den Starnberger See zurück und schwärmte von einem „*Picknick auf der Zugspitze*" und von „*einer Hütte mit herrlichem Blick und gutem Bier und Käse und Bergluft*".[37]

Der Zivilisation entkommen

Nach dem Zweiten Weltkrieg entwickelte sich in nur wenigen Jahrzehnten aus verstaubten Fremdenverkehrsämtern eine perfekt organisierte Tourismusindustrie. Aus den „Fremden" wurden Geld bringende „Touristen". Die ständig steigende Nachfrage verlangte immer mehr und billigere Unterkünfte und führte in manchen Regionen zu seelenlosen Retortendörfern ohne Ortskern. Inzwischen reicht das Angebot von „Wellness-Programmen", „Nordic-Walking"-Touren, über „Bavarian-Life-Style"-Abenden bis zu nächtlichen Fackel-Wanderungen. In Fitness-Centern und Schwimmbädern schöpfen die Sonnenanbeter von heute Kraft für die Bewältigung des Stressalltags. Um gesund und fit zu bleiben, stürmen sie zu Tausenden im Laufschritt oder mit dem Mountain-Bike auf breit angelegten Wegen die Berggipfel. Die neuen Formen des „umweltgerechten Tourismus" knüpfen auf verblüffende Weise an die Sommerfrische von früher an, neuerdings gesteuert von einem perfekten Gesundheitsmanagement. Wie vor hundert Jahren geht es ums Ausspannen, Abschalten, Auftanken und Wohlfühlen auf völlig natürliche Weise. Kutschfahrten sorgen für Entschleunigung, Angebote rund ums Heu für „*wohltuende Entspannung direkt aus der Natur*". Ein Heulehrpfad und ein Heumuseum machen mit den heimischen Kräutern vertraut, damit sich die Heilwirkung des Bergwiesenheus in Kräuterbädern, Heuwickel und „*bloßem Liegen im duftendem Heu*"[38] unter fachlicher Obhut optimal entfalten kann. So oder so ähnlich war es 100 Jahre zuvor dem englischen Literaten D.H. Lawrence und seiner Geliebten Frieda von Richthofen auf ihrer Gebirgstour über den Achenpass ergangen: „*Dann vergruben sich die beiden in einem tiefen Loch im Heu, häuften das Heu über sich und dachten, sie hätten es gut. Johanna war hellauf begeistert. Endlich war sie ihrer Villa Marvell in Boston und der ganzen Zivilisation entkommen und schlief wie eine Landstreicherin.*"[39]

Anmerkungen

1. Franziska zu Reventlow, Tagebücher 26. Juni 1901, S.192.
2. D.H. Lawrence, Mr. Noon, S.194.
3. D.H. Lawrence, Söhne und Liebhaber, S.409.
4. D.H. Lawrence, Mr. Noon, S.367.
5. Franziska zu Reventlow, Tagebücher, S.218/219.
6. Franziska zu Reventlow, Von Paul zu Pedro, zit. n. Elisabeth Tworek, Vorwort. In: Literarische Sommerfrische. Künstler und Schriftsteller im Alpenvorland. Ein Lesebuch von Elisabeth Tworek. Allitera Verlag München, S.16.
7. Lou Andreas-Salomé, Rainer Maria Rilke, zit. n. Elisabeth Tworek, Spaziergänge durch das Alpenvorland der Literaten und Künstler, S.156.
8. Rilke, Rainer Maria, und Lou Andreas-Salomé, 5. September 1897. In: Briefwechsel. Hg. von Ernst Pfeiffer. Zit. n. Elisabeth Tworek, Spaziergänge durch das Alpenvorland der Literaten und Künstler, S.158.
9. Helen Hessel, Journal d`Helen. Lettres á Henri-Pierre Roché. Übersetzt von Ulrike Voswinckel. Marseille 1991. In: Ulrike Voswinckel: Es geschah im Isartal … Die Münchner Bohème im Grünen. Bayerischer Rundfunk. Redaktion: Land und Leute. Erstsendung am 14. August 1996, S.14.
10. Ebenda.
11. Peter Greave, In the Bavarian Highlands: Edward Elgar's German Holidays in the 1890s. Rickmansworth 2000, S.61.
12. Edward Elgar, A Creative Life, S.175.
13. Murnau am Staffelsee. Bayr. Hochland, o.J. (ca. 1911/12) Nachdruck des Kur- und Verkehrsvereins 1998, S.15/16.
14. Franziska zu Reventlow, Tagebücher, S.209.
15. Lotte H. Eisner, Murnau, Der Klassiker des deutschen Films, S.41.
16. Die Schauspielerin Camilla Horn im Gespräch mit Elisabeth Tworek. Erstsendung des Interviews in: „kultur aktuell", Bayern2 Radio, 28. Dezember 1988 anlässlich des 100. Geburtstags von F.W. Murnau. Wieder aufgenommen in die Sendung „Murnau in Murnau. Wie ein Filmregisseur zu seinem Namen kam" von Elisabeth Tworek. Bayerischer Rundfunk. Redaktion: Land und Leute. Erstsendung: 28. Januar 2001/Bayern2 Radio.
17. Hugo Ball an Hermann Hesse, München, 29. März 1922. In: Hugo Ball: Briefe 1904–1927. Herausgegeben und kommentiert von Gerhard Schaub und Ernst Teubner. Band I. Wallstein Verlag. Göttingen 2003, S.364.
18. Traugott Krischke, Kind seiner Zeit, S.47.
19. Horváth-Blätter 2, Sportmärchen und Verwandtes. Hg. von Traugott Krischke. edition herodot, Göttingen 1984, S.9.
20. Ebenda, S.68.
21. Ebenda, S.69.
22. Felizia Seyd, Sommer der Verwirrung. Roman. Henry Burmester Verlag Bremen 1938, S.216.
23. Brief von Felizia Seyd an Heiner Emhardt, 22 west 68th St. New York, 15. September 1966. Nachlass Heiner Emhardt.
24. Gustl Schneider-Emhardt, Erinnerungen an Ödön von Horváths Jugendzeit. In: Horváth-Blätter 1/83. Hg. von Traugott Krischke. edition herodot, Göttingen 1983, S.68.
25. Ebenda, S.66.
26. Sergej Prokofjew, Dokumente, 1961, S.158.
27. Sergej Prokofjew, Dokumente, 1961, S.23.
28. Sergej Prokofjew, Dokumente, 1961, S.158.
29. Sergej Prokofjew, Dokumente, 1961, S.158.
30. Sergej Prokofjew, Dokumente, 1961, S.158/159.
31. Gershom Scholem, Walter Benjamin – die Geschichte einer Freundschaft, S.38/39.
32. Gershom Scholem, Walter Benjamin – die Geschichte einer Freundschaft, S.38/39.
33. Gershom Scholem, Walter Benjamin – die Geschichte einer Freundschaft, S.46–48.
34. Gershom Scholem, Walter Benjamin – die Geschichte einer Freundschaft, S.38–40.
35. Walter Benjamin an Ernst Schoen, Seeshaupt, 20. Juli 1916. In: Walter Benjamin. Gesammelte Briefe, Band I, 1910–1918, S.328/329.
36. Fritz von Ostini, Der Maler Edward Cucuel, S.9.
37. Ebenda.
38. Werbeprospekt aus Oberstdorf.
39. D.H. Lawrence, Mr. Noon, S.358.

Ulrich Schnabel

Geistesblitz aus dem Nichts
Auch die Hirnforschung entdeckt den Wert der Muße

Die Sehnsucht nach Muße ist vielleicht die wichtigste Antriebskraft für unsere Urlaubsreisen. Als Touristen träumen wir von entrückten Orten der Ruhe, an denen wir die Seele einmal so richtig baumeln lassen und zu uns selbst finden können. Leider holt uns die Realität meist schneller ein als gedacht, denn am Urlaubsort wartet oft neuer Stress: Der Strand erscheint uns überfüllt, das Hotel empfinden wir als zu laut, das Wetter zu schlecht und die Bedienung im Restaurant zu unfreundlich. Und statt das Nichtstun in vollen Zügen genießen zu können, spüren wir erst recht unsere innere Unruhe, kämpfen vielleicht sogar mit einem Gefühl angespannter Langeweile und einer seltsamen, uns oft selbst nicht recht erklärbaren Unzufriedenheit.

Denn die große Illusion des Reisens besteht im Glauben, Muße und Entspannung würden sich quasi von selbst einstellen, sobald wir am Urlaubsort dem Flieger oder dem Auto entsteigen. Wir stellen uns vor, wir könnten bruchlos in eine andere (Zeit-)Kultur eintauchen und unser gehetztes Ich einfach zuhause zurücklassen. Tatsächlich aber nehmen wir unsere Gewohnheiten immer mit. Und oft spüren wir erst in der Fremde so richtig, wie sehr wir unser vertrautes Zeitregime verinnerlicht haben und wie schwer es fällt, von einem hektischen Arbeitsalltag in einen Modus entspannter Muße umzuschalten.

Blick auf den Staffelsee mit einsamem Steg, um 1925 (Kat. 121)

„Wir neigen zu dem Glauben, dass all die Hoteliers, Fluglinienchefs und Museumsdirektoren mit ihren Heerscharen von Experten schon wissen werden, wie ein guter Urlaub aussieht. Aber das ist ein naiver Glaube", diagnostiziert der Philosoph Alain de Botton, der ein ganzes Buch über „Die Kunst des Reisens" verfasste. Er sieht *„eine riesige Kluft"* zwischen unseren Reisephantasien und den Dingen, die uns wirklich fehlten. Es genüge eben nicht, am Pool zu sitzen oder das Restaurant mit den besten Kritiken zu wählen, meint der Reisephilosoph. *„Eigentlich bräuchten wir psychotherapeutische Reisebüros, die uns die passenden Ziele heraussuchen"*.

Doch mit dem rechten Ziel alleine ist es nicht getan. Um wirklich die Alltagshektik hinter uns zu lassen, müssen wir auch innerlich ankommen. Das jedoch ist leichter gesagt als getan. Buddhistische Mönche etwa meditieren ein ganzes Leben lang, um so etwas wie echte innere Ruhe zu finden. Als Touristen dagegen glauben wir, wir müssten uns nur an den Strand zu legen, um friedvoll und ruhig zu werden. Dass das nicht funktioniert, ist offensichtlich.

Das soll nun nicht heißen, dass wir vor jedem Urlaub erst ins buddhistische Schweigekloster müssten. Es hilft schon, sich klarzumachen, dass die innere Ruhe sich nicht automatisch mit dem ersten Ferientag einstellt, sondern erst allmählich, in dem Maße, wie wir unsere hektischen Gewohnheiten loslassen. Dabei ist der Faktor Zeit nicht zu unterschätzen. Wer 350 Tage im Jahr unter Strom steht – noch schnell dieses Projekt erledigen, jenen Auftrag abarbeiten, die E-Mails checken und immer auf dem neuesten Stand bleiben –, der legt dieses Verhalten auch in 15 Urlaubstagen nicht so eben ab.

Wie Neurobiologen mittlerweile wissen, schreibt sich jede häufig wiederholte Gewohnheit mit der Zeit regelrecht in unsere biologische Struktur ein: Die Zellen und Synapsen in unserem Gehirn stellen sich auf ein gewisses Reiz-Niveau ebenso ein wie der Körper auf die tägliche Dosis Koffein. Fehlt uns plötzlich der Kaffee, das ständige Beschäftigt-Sein oder die gewohnte Informationsflut aus Handy und Blackberry, reagieren wir wie Suchtkranke mit Entzugserscheinungen. Damit sich die Zellen in Hirn und Körper wieder an ein normales Erregungsniveau anpassen, bedarf es wiederum entsprechender biologischer Umbauten – und die brauchen ihre Zeit.

Deshalb sollte man sich nicht mit Vorwürfen quälen (*„Nun genieß Deinen Urlaub gefälligst"*), sondern sich eine gewisse Unruhe ruhig zugestehen und der Muße Zeit lassen. Und wenn die Gedanken partout keine Ruhe geben wollen, dann ist auch das in Ordnung. Denn diese Art von geistigem Widerstand gegen den Imperativ der Erholung ist der erste Schritt auf dem Weg zur wahren Entspannung: Unser Gehirn nimmt sich gewissermaßen das Recht, einmal nicht auf Kommando zu funktionieren, sondern lebt unkontrolliert auch jene Gedanken aus, die sonst gerne unterdrückt werden. Aus demselben Grund werden manche Menschen auch stets in den ersten Ferientagen krank: Der Körper holt sich endlich jene Ruhe und Erholung, die ihm das ganze Jahr über verweigert wurde.

Doch es gibt noch weitere Hürden auf dem Weg zur inneren Ruhe. Eine der häufigsten ist unser schlechtes Gewissen. Schließlich hat man uns von Kindesbeinen ruhestörende Merksätze eingetrichtert wie *„Müßiggang ist aller Laster Anfang"*, *„Morgenstund hat Gold im Mund"*, oder *„Die Konkurrenz schläft nicht"*. Ohne jede Übertreibung kann man sagen: Die Muße hat heutzutage ein schlechtes Image. Und das hilft nicht gerade bei dem Versuch, eben diese in vollen Zügen zu genießen.

Da hilft eine Klarstellung: Was ist „Muße" eigentlich?

Heutzutage verstehen die meisten darunter einen Zustand des größtmöglichen Faulseins, der Passivität und des Abhängens (gerne vor dem Fernseher).

Dabei hatte Muße ursprünglich eine ganz andere Bedeutung: Im antiken Griechenland galt Muße als höchste Form der geistigen Aktivität und als Inbegriff des Glücks. Und das hieß nicht Däumchendrehen, sondern die Beschäftigung mit Musik, Kunst, Literatur – Bildung im weitesten Sinne – oder Religion. In solchen Sternstunden des Lebens, so postulierten die griechischen Philosophen, können wir die Bedeutung des Lebens erfassen und den Göttern näherkommen.

Zugleich vertraten die alten Griechen eine Werthaltung, die der unsrigen diametral entgegengesetzt war. Muße-Zeiten galten bei ihnen als höchster Wert des Lebens und der Staat hatte dafür zu sorgen, seinen Bürgern möglichst viele dieser Zeiten zu ermöglichen. Die Arbeit galt als zwangsläufiges Übel, um das Ziel des Lebens, die Muße zu verwirklichen. Heute dagegen ist es eher umgekehrt: Auszeiten und Urlaube dienen lediglich als notwendige Regeneration für das Arbeitsleben; was zählt, sind Leistung, Effizienz und Erfolg.

Wer sich nicht an den griechischen Philosophen orientieren will, für den liefert die österreichische Wissenschaftsforscherin Helga Nowotny eine moderne Definition der Muße. Sie hat dafür den Begriff *Eigenzeit* geprägt: Zeit, die mir gehört und die ich als sinnvoll erlebe; Zeit also, in der man das Gefühl hat zu *leben* – und nicht, gelebt zu werden.

Diese „*Eigenzeit*" kann vieles sein – ein intensives Gespräch ebenso wie Musikgenuss oder ein spannendes Arbeitsprojekt, sie kann spielerisch oder ernsthaft sein, zielorientiert oder suchend, aber sie wird immer charakterisiert durch eine Eigenschaft, sagt Nowotny: „*Muße ist die Übereinstimmung zwischen mir und dem, worauf es in meinem Leben ankommt.*"

Für solche Momente haben Psychologen auch den Begriff *Flow* geprägt – einen glückhaften Zustand, in dem wir ganz in unserem Tun aufgehen und eine Mühelosigkeit des Daseins erleben, die uns alles andere vergessen lässt (dem Glücklichen schlägt keine Stunde). Dieser Zustand, so zeigt die Forschung und die Erfahrung, stellt sich am ehesten dann ein, wenn vier Voraussetzungen erfüllt sind:

– Wenn wir, erstens, das Gefühl haben, Herr über unsere Zeit zu sein, also selbstbestimmt handeln zu können;
– wenn wir, zweitens, konzentriert bei einer Sache bleiben ohne ständig abgelenkt zu werden;
– wir das, was wir tun, um seiner selbst willen tun;
– und wir uns an einer Herausforderung versuchen, die gerade unseren Kräften entspricht.

Das heißt: Die Muße erleben wir am ehesten bei Tätigkeiten, die uns weder überfordern noch langweilen. Wer als untrainierter Städter meint, das Matterhorn besteigen zu müssen, wird ebenso wenig in *Flow* geraten wie der viel beschäftigte Manager, der im Urlaub von einem Tag zum anderen auf Nichtstun umschalten will. Für beides ist eine gewisse Übung notwendig. Mit anderen Worten: Muße ist ein Zustand, den man auch kultivieren muss.

Dabei hilft es, sich klarzumachen, dass selbst das scheinbar unproduktive Nichtstun für unser geistiges Gleichgewicht eine wichtige Funktion hat. Man könnte auch sagen: Ein gewisses Quantum Nichtstun ist nicht nur gesund, sondern geradezu lebensnotwendig.

Diese Erkenntnis verdanken wir der modernen Hirnforschung. Sie lehrt uns nämlich, dass das Gehirn beim Nichtstun keinesfalls untätig, sondern im Gegenteil auf eine ganz eigene Weise aktiv ist. Diese Entdeckung machte der amerikanische Hirnforscher Marcus Raichle 1998 bei Studien mit dem Kernspintomografen. Immer wenn seine Probanden sich auf ihre Testaufgaben konzentrierten und zielgerichtet zu denken begannen, nahm in bestimmten Hirnarealen die Aktivität *ab* statt *zu* (wie es eigentlich zu erwarten wäre). Umgekehrt schienen diese Hirnregionen erst beim Nichtstun richtig tätig zu werden: Sobald die Tests beendet waren und seine Versuchspersonen *aufhörten*, sich auf ihre Aufgaben zu konzentrieren, sprang die Betriebsamkeit in diesen Arealen sprunghaft *an*.

Für dieses merkwürdige neuronale Muster prägte Raichle den Begriff *default network*, was sich am besten mit „Leerlauf-Netzwerk" übersetzen lässt. Dieses Netzwerk springt immer dann an, wenn wir nichts Besonderes denken, sondern unsere Gedanken ziellos schweifen lassen. Es ist allerdings nicht nur beim entspannten Tagträumen aktiv, sondern ebenso im Schlaf und bei komatösen Patienten, selbst bei Affen wurde es inzwischen entdeckt. Außerdem sind die Gehirnregionen des Default-Netzwerks ungewöhnlich selten von Schlaganfällen betroffen sind, weil sie besonders gut durchblutet sind. Offenbar ist der Leerlauf für das Denkorgan von so grundlegender Bedeutung, dass diese Funktion vor einem möglichen Ausfall unbedingt geschützt werden muss.

Aber was *tut* das Gehirn, wenn es nichts Bestimmtes tut? Offensichtlich beschäftigt es sich dabei vor allem mit sich selbst. Wenn das Gehirn einmal nicht auf *Input* von außen reagieren muss, kann es sich vorwiegend seiner inneren Dynamik überlassen. Es hat Zeit, seine eigenen, neuronalen Geschäfte zu ordnen:
— Da werden Netzwerke aus Nervenzellen neu organisiert,
— Gelerntes verarbeitet und
— das Gedächtnis sortiert und
— dies scheint, ähnlich wie der wöchentliche Hausputz in der Wohnung, unabdingbar für das reibungslose Funktionieren unseres Denkens zu sein.

Zudem versichern wir uns dabei immer wieder unserer selbst, unserer Geschichte und unserer Werte. Wir pflegen also unser Selbstverständnis und das, was Ich-Bewusstsein genannt wird. (Bei Alzheimer-Patienten übrigens findet man deutlich weniger Leerlauf-Aktivität, bei psychiatrischen Patienten ist das Aktivitätsmuster des Leerlauf-Zustandes häufig gestört. Ein gesunder Leerlauf scheint also höchst wichtig für unsere geistige Gesundheit.)

Außerdem ist die Leerlauf-Aktivität vermutlich auch für jene Geistesblitze verantwortlich, die uns mitunter aus dem Nichts heraus durchzucken. Denn das Gehirn kann ja auf einen riesigen Schatz an gespeichertem „inneren Wissen" zurückgreifen – all jenes aufgeschnappte, zufällige und längst vergessene Wissen, das sich in unserem Unterbewusstsein angesammelt hat und im Allgemeinen nie die Schwelle zum Bewusstsein überschreitet. Und wenn äußerer Input fehlt, greift das Gehirn auf diesen Schatz zu. Dabei kann es auch frische Verbindungen zwischen Nervenzellen knüpfen und so neue Zusammenhänge zwischen gespeicherten Fakten herstellen. Auf diese Weise entstehen ganz von selbst neue Gedanken. Alle, die geistig tätig sind, haben das schon erlebt: Da hat man stundenlang ergebnislos über ein Problem nachgegrübelt – und in dem Moment, in dem man sich entspannt, steht einem plötzlich die Lösung vor Augen!

Deshalb hängte etwa der französische Dichter Saint Pol-Roux während seiner täglichen Siesta immer ein Schild an seine Tür: „*Poet bei der Arbeit*". Denn er wusste: Manchmal entstehen die besten Ideen dann, wenn das Gehirn einmal gerade nicht zielgerichtet denkt. Auch die Wissenschaft kennt diese Aha-Momente. Der berühmteste war wohl jener von Archimedes, dem in der Badewanne plötzlich das Prinzip des Auftriebs klar wurde. Andere haben ihr Heureka-Erlebnis unversehens beim Spazierengehen, unter der Dusche, beim Musikhören oder abends im Bett.

Wissenschaftlich bewiesen ist auch die Tatsache, dass eine reizarme Umgebung einen positiven Effekt auf das Gehirn hat. Denn im Gegensatz zu einer städtischen Umgebung wird unser Gehirn auf einer Almwiese oder beim Blick aufs Meer nicht ständig mit neuen Reizen bombardiert und kann sich daher besonders gut regenerieren. Wie der amerikanische Psychologe Marc Berman nachgewiesen hat, muss man dazu nicht einmal ins Gebirge oder an den Strand fahren; um diesen entspannenden Effekt zu erzielen, reicht selbst ein Spaziergang durch einen Park.

Berman stattete an der University of Michigan verschiedene Studenten mit GPS-Empfängern aus und ermunterte sie zu einem Spaziergang; die einen promenierten durch ein nahe gelegenes Arboretum, die anderen durch die Stadt. Danach wurden beide Gruppen einer Reihe psychologischer Tests unterzogen: Ergebnis: Wer durch die Stadt geschlendert war, war tendenziell schlechter gelaunt, geistig weniger leistungsfähig und unaufmerksamer als jene Studenten, die sich im Baumgarten entspannt hatten. Ein zweites Experiment brachte noch Erstaunlicheres zutage: Schon alleine das *Betrachten* eines Naturpanoramas auf einem Photo wirkte sich positiver auf den Geisteszustand aus als das Betrachten einer Straßenszene.

„*Das Gehirn ist nun einmal eine begrenzte Maschine*", sagt Berman, „*und wenn wir das Bild einer geschäftigen Straße sehen, stellen wir uns automatisch vor, wie es ist, dort zu sein – und schon das hat negative Folgen für unsere Aufmerksamkeit.*" Von den vielfältigen Eindrücken in der Stadt wird vor allem unser Arbeitsgedächtnis belastet, das unsere Fähigkeit zur Konzentration sowie unsere Willenskraft steuert. Je mehr Reize es verarbeiten muss, umso schwerer fällt es uns, aufmerksam und ganz bei uns zu sein. In der Natur dagegen, wo die Reizdichte enorm reduziert ist, wird dieser geistige „Kraftspeicher" gründlich aufgefüllt.

Natürlich haben die vielfältigen Stimuli des Stadtlebens auch eine anregende Wirkung; die Dichte der Menschen und Ideen bringt immer neue, ungeahnte Kombinationen hervor und erzeugt so eine Atmosphäre ständiger Inspiration. Nicht umsonst gelten große Städte wie New York, Tokio oder Mumbai als *die* Motoren künstlerischer, wirtschaftlicher und sozialer Innovation. Doch zugleich ist das Stadtleben enorm belastend und seine vielfältigen Angebote bergen auch ein enormes Zerstreuungspotenzial.

Da gilt es, die richtige Balance zu finden. Man kann das städtische Getriebe hervorragend als Nährboden für neue Anregungen, Einfälle und Pläne nutzen. Doch um diese in die Praxis umzusetzen (oder sich auch einfach nur vom Stadtgetriebe zu erholen), brauchen wir oft jene Muße, die uns eine reizarme, ablenkungsfreie Umgebung gewährt.

Deshalb zieht es nicht nur Urlauber ins Grüne; auch Künstler, Schriftsteller oder Wissenschaftler gehen zum Malen, Dichten oder Denken gerne aufs Land, suchen sich ein ruhiges Atelier oder zur Not auch eine Büro-Oase im Hinterhof. Sie wissen: wer kreative Ideen zu entfalten sucht, braucht vor allem Zeit und Ungestörtheit.

Eine seiner Hauptaktivitäten sei *„das ständige Sichbefreien von äußerer Pflicht"*, sagt etwa der Komponist Wolfgang Rihm. Um kreativ sein zu können, müsse er sich Zeit schaffen, *„die mir gehört und nicht mit Terminen besetzt ist."* Denn, so Rihm, *„das ist das Wichtigste: sich Zeit nehmen!"* Deshalb hält er sich auch die Ablenkungen des digitalen Zeitalters weitgehend vom Leib. Rihm hat zwar ein Handy, doch das ist meistens stumm geschaltet. Wer ihn erreichen will, muss ihm einen Brief schreiben oder auf die Mailbox sprechen. In gewisser Weise sei er provinziell, sagt der Tonkünstler, der zu den bekanntesten deutschen Komponisten der Gegenwart zählt. Doch diese Art von Provinzialität stört ihn keineswegs: *„Der tibetanische Weise sagt, man muss auf der Stelle sitzen bleiben, um zu sehen, wie der Schatten um einen herumwandert."*

Dass nicht nur tibetanische Weise vom Stillsitzen profitieren, beweist auch die christliche Geschichte. Hätte sich nicht Martin Luther 1522 monatelang auf der Wartburg verstecken müssen, fernab von allen Geschäften und Ablenkungen, wäre es ihm wohl kaum gelungen, das Neue Testament in nur elf Wochen komplett ins Deutsche zu übersetzen. Wer weiß, was aus der Reformation geworden wäre, wenn Luther sich *nicht* in seine karg möblierte Studierstube hätte verkriechen müssen (und wenn ihn der Teufel, der ihn angeblich dort belästigte, mit neumodischen Verführungen wie Internet und Flachbildschirm hätte versuchen können).

Heute sind solche Orte der Ruhe, an denen man sich ungestört aufs Denken, Komponieren oder Schreiben konzentrieren kann, selten geworden. Doch manchmal gibt es sie noch – zum Beispiel Cafés, die einen nicht ständig mit Musik oder Videos berieseln, sondern jenen besonderen Zustand zwischen ruhiger Geselligkeit und Anonymität bieten, der die Kreativität fördert.

Dem Sammeln solcher Orte, an denen man *„nicht nur arbeiten, sondern auch nachdenken kann"*, hat sich der israelische Mathematik-Ökonom Ariel Rubinstein verschrieben. Der Vielreisende veröffentlicht auf seiner Homepage eine Liste von „Coffee Places where you can think", die mittlerweile über einhundert Städte umfasst und einen weltweiten Reiseführer für mußevolle Kaffeehäuser darstellt.[1] Wer die Liste durch eigene Vorschläge ergänzen will, kann einfach eine E-Mail an Rubinstein senden.

Andere Mathematiker beweisen derweil, dass große Ideen an den unerwartetsten Orten entstehen. So hatte etwa der amerikanische Mathematiker Stephen Smale, der Anfang der 1960er Jahre eine Zeit lang in Rio de Janeiro arbeitete, seine besten Einfälle am Strand. Er habe dort hauptsächlich Ideen notiert und Argumente ausprobiert. *„Ich war so konzentriert mit dieser Art von Überlegungen und dem Schreiben in meinem Block beschäftigt, dass das Leben auf dem Strand mich nicht ablenken konnte. Und ich konnte ja jederzeit eine Pause von der Forschung machen und schwimmen gehen."* Mit den dabei gewonnenen Erkenntnissen wurde Smale in der Fachwelt berühmt (insbesondere mit seinem Beweis der sogenannten hochdimensionalen Version der Poincaré-Vermutung). Nichtsdestotrotz brachte ihm sein entspannter Arbeitsstil später Ärger ein. Politiker warfen ihm das Sinnieren am Strand von Rio sogar als *„Verschwendung von Steuergeldern"* vor.

[1] http://arielrubinstein.tau.ac.il/univ-coffee.html

Der französische Zahlentheoretiker André Weil wiederum bewies, dass man selbst im Gefängnis produktiv werden kann. 1940, als er in Untersuchungshaft saß, schrieb er an seine Frau: *„Seit ich Dich das letzte mal gesehen habe, bin ich in meinen arithmetisch-algebraischen Forschungen ein gutes Stück vorangekommen – ich hoffe sogar, hier noch einige Zeit in Ruhe an dem Begonnenen weiterarbeiten zu können."* Und an anderer Stelle: *„Meine mathematische Arbeit übertrifft meine kühnsten Hoffnungen, und ich bin sogar ein wenig beunruhigt, ob ich, wenn ich nur im Gefängnis so gut arbeiten kann, es zukünftig einrichten sollte, jedes Jahr zwei oder drei Monate hinter Gittern zu verbringen."* Fast neidvoll schrieb sein Kollege Élie Cartan an den Inhaftierten: *„Wir haben nicht alle das Glück, so in Ruhe wie du und ungestört arbeiten zu können."*

Auch wenn Cartans Bemerkung (zumindest halb) scherzhaft gemeint war, steckt in ihr doch ein Körnchen Wahrheit: Manchmal kann gerade die radikale Beschränkung unserer Freiheitsgrade der Geistesarbeit förderlich sein – wie auch Miguel de Cervantes beweist, der seinen Don Quijote im Gefängnis begann. Natürlich gilt das nur, wenn die Beschneidung der Freiheit nicht zu weit geht. Auch möchte man niemand ernsthaft empfehlen, sich zum Zwecke des ungestörten Nachdenkens ins Gefängnis stecken zu lassen. Dennoch halten solche Episoden eine interessante Lehre bereit: Wir hassen es zwar, wenn man die Zahl unserer Möglichkeiten einschränkt; doch zugleich kann das auch etwas Stimulierendes haben.

Das ist übrigens auch der Unterschied zwischen der Muße auf einer Berghütte und in unserer üblichen Umgebung. Selbstverständlich kann man sich zuhause vornehmen, ein paar Tage oder Wochen auf Ablenkung zu verzichten und sich mit nichts anderem als einem guten Buch, dem Malen eines Bildes oder meinetwegen auch mit der Zahlentheorie zu beschäftigen. Doch schnell bekommt man das Gefühl, diese Aktivität gegenüber vielen anderen rechtfertigen zu müssen. Stets lauert im Hintergrund unseres Denkens die unausgesprochene Frage: Verschafft mir dieses Buch (Bild, Theorem ...) mehr Befriedigung als all das, was ich sonst noch tun könnte – im Internet surfen, Fernsehen, Freunde anrufen ...? Und selbst wenn man sich weiterhin auf das Buch (das Bild, die Zahlentheorie) konzentriert, beschäftigt uns dieses Abwägen unbewusst, bindet Denkressourcen und kostet damit Energie.

Der Soziologe Hartmut Rosa, der sich über diese Zusammenhänge gründlich Gedanken gemacht hat, empfiehlt deshalb allen Muße-Suchenden die *Odysseus-Strategie*: Sich selbst zu fesseln, um den Sirenengesängen der unendlichen Möglichkeiten nicht zu verfallen.

Um die Muße genießen zu können, müsse man sich bewusst von einer Vielzahl möglicher Optionen abschneiden, sagt Rosa und nimmt sich selbst als bestes Beispiel dafür. *„Es gibt nichts Schöneres, als wenn bei mir im Hochschwarzwald, wo ich wohne, der Strom ausfällt."* Das geschehe im Winter immer mal wieder durch Sturm oder Schneebruch. *„Dann kann ich nicht an den Computer, der Fernseher funktioniert nicht – und in dieser Situation ein Buch zu lesen ist etwas ganz anderes, als wenn die Welt da draußen weiter rauscht."*

Einen ähnlichen Effekt können auch landesweite Notlagen auslösen, etwa Temperaturstürze, die den Eisenbahnverkehr lahmlegen. Es macht eben einen großen Unterschied, ob man als Einzelner seinen Zug verpasst oder ob halb Deutschland unfreiwillig die Muße üben muss. Man fängt an, sich zu entspannen, kommt eventuell mit dem Nachbarn ins Gespräch, der ja ebenfalls zur Ruhe gezwungen ist und kann so unter Umständen sehr mußevolle Stunden erleben.

Wer auf solche Anlässe nicht warten will, muss selbst für eine Reduktion seiner Möglichkeiten sorgen: Also: Das Telefon ausstellen, herumliegende Zeitschriften schwungvoll entsorgen, den Computer in die Besenkammer oder den Fernseher mal für eine Zeitlang auf den Dachboden verbannen. (Ja, das darf man. Nein, man muss nicht erst nach Indien, auf die Malediven oder nach Spiekeroog fahren, um die Ruhe zum ungestörten Lesen, Malen oder Nachdenken zu finden.)

Und wer es gar nicht zuwege bringt, sich einmal Zeit ohne äußere Verpflichtungen freizuschaufeln, kann einen weiteren Tipp von Hartmut Rosa erproben: „*Es hilft, sich in den Terminkalender an manchen Tagen groß einzutragen: „Nichts". Und wenn dann jemand fragt: ‚Wollen wir an diesem Tag etwas unternehmen?' muss man konsequent sagen: ‚Nein, da hab ich schon was vor.'*"

Ulrich Schnabel ist Wissenschaftsredakteur der Wochenzeitung DIE ZEIT und Autor mehrerer Bücher. Zuletzt erschien von ihm der Bestseller „Muße. Vom Glück des Nichtstuns" (Blessing Verlag).

„Extrem entspannter Frosch", Foto: Jeffrey Vanhoutte

Christine Ickerott-Bilgic

„Unter der Sonne"
Mußestunden in flirrendem Licht

Licht legt sich auf schmale Kinderschultern, Arme und Beine. Nass glänzen Haare in der Sonne. Im Hintergrund tanzen Lichtreflexe auf der Wasseroberfläche, Gräser biegen sich sanft im Wind. Eine tiefe und innere Ruhe geht von diesem reizvollen Sommerbild aus.

Der letzte Teil der Ausstellung „Endlich Ferien! Von Sommerfrische und Müßiggang" beschäftigt sich mit dem Phänomen Sommer und seinen Orten der Sehnsucht und des Müßiggangs. Das Ölgemälde der russischen Künstlerin Ljubov Belych von 2006, schlicht „Unter der Sonne" betitelt, gibt eine solche unbeschwerte Sommerstimmung wieder, die man aus Kindheitstagen kennt und besticht dabei durch seine besondere Atmosphäre.

Im Zentrum des Bildes ist ein junges Mädchen in der Seitenansicht portraitiert, das sich am Ufer eines Flusses oder Sees befindet. Die Uferböschung verläuft diagonal vom linken unteren zum rechten oberen Bildrand; in der linken oberen Bildecke sieht man das Wasser. Indem Belych nur einen Ausschnitt der Szenerie zeigt und auf das Abbilden des Himmels verzichtet, wird der Blick des Betrachters ganz auf das Mädchen gelenkt.

In einer mädchenhaft lila gepunkteten, pinken Badehose gekleidet, sitzt es inmitten eines weißen Tuchs und wendet sich dem Wasser zu. Die schlaksigen Beine sind eng an den Körper herangezogen, die Arme um die Knie geschlungen. Ihr Rücken ist zu einem weichen Bogen geschwungen. Die Haltung des Kindes erinnert an die Erschöpfung nach einer kräftezehrenden Schwimm-Partie: Leicht fröstelnd scheint sich das Mädchen unter den kräftigen Sonnenstrahlen wieder aufzuwärmen und sich die Wassertropfen von der Haut trocknen zu lassen. Selber kennt man diese schwere und angenehme Mattigkeit, die an einem heißen Sommertag den Körper träge und die Gedanken dösig macht.

Fein wiedergegebene Körperhaltung und Gesichtszüge und klare Konturen vermitteln eine stille Hinwendung nach innen: Tief in Gedanken versunken, hat es den Kopf auf seinen Knien aufgestützt, der Blick geht versonnen und nachdenklich ins Leere. Die Haare, nachlässig zu einem Pferdeschwanz aufgebunden, glänzen noch vom Bad; nur ein paar einzelne Strähnen haben sich aus dem Zopf gelöst und kringeln sich den Nacken hinab. Der zierliche Kinderkörper ist in einem naturalistischen, leicht rötlich gehaltenen Inkarnat ausgeführt, sorgfältig aufgesetzte Glanzlichter wechseln sich mit bläulichen Schattenwerten ab. Die helle, sonnengerötete Haut hebt sich komplementär vor dem Grün des Hintergrunds ab. Die dunkel verschatteten Gliedmaßen kontrastieren mit dem weißen, die Sonne grell reflektierenden Tuch.

Eigentliches Hauptthema der Künstlerin ist hier augenfällig das Licht: Licht in allen Varianten und Formen: Helles, gleißendes Sonnenlicht in der Reflexion auf Haut, Haaren und Stoffen. Tanzende Lichtspiegelungen funkeln auf der Wasseroberfläche auf, brechen sich flirrend in der Luft und lassen eine leichte, dem Augenblick verhaftete, und ruhige Stimmung entstehen. Die aus der impressionistischen Tradition resultierende Empfindlichkeit und das besondere Interesse für das Licht und seine Phänomene begleitet Belych seit ihrer frühen Schaffensperiode und erklärt ihre Vorliebe für Landschaften, Gewässer und Portraits im Freien.

Um diese flüchtige Lichtstimmung einzufangen, hat sich die Künstlerin einer lichten und kräftigen Farbpalette bedient: Die Wiese, auf der sich das Mädchen befindet, ist mit hellen ungemischten Tönen ausgeführt. Im Vordergrund lassen Gelb- und Brauntöne den Boden von der Sonne verbrannt erscheinen. Der Hintergrund birgt Schattierungen in kräftigen Blau- und Violetttönen. Ob des breiten und fast beiläufig hingewischten Pinselduktus wirkt die Umgebung leicht verwaschen, ohne aber seine reine Farbkraft zu verlieren. Im rechten Bildhintergrund ist unscharf in dunklem Grün ein schattiger Strauch angedeutet, Schilf und hohe Gräser biegen sich an der Uferböschung im Wind. Durch die blaue Wasseroberfläche, die mit Violett- und Grautönen durchsetzt ist, schimmert in Ufernähe warm der lehmfarbene Grund des Gewässers hindurch. Lockere und dick aufgesetzte Lichtreflexe in frostigem Weiß und Blau lassen das Gewässer lebendig werden – fast vermeint man das Plätschern und Glucksen zu hören, wenn die Wogen sanft auf das Ufer treffen.

Im grellen Sonnenlicht scheinen die Übergänge von einem Farbton zum anderen zu verschmelzen: Flimmernde Wiesen und Auen, bewegtes Wasser und flirrende Luft verdichten sich zu einem anziehenden Farbenteppich. Die feinfühlig aufgebauten Farbklänge überzeugen durch eine farblich-atmosphärische Naturtreue, die nie die Akribie des Fotorealismus anstrebt, sondern vielmehr eine subjektiv empfundene Wahrheit der Künstlerin ausdrückt. Einem Spiegelbild der Seele gleich, wird hier in der klaren Komposition, der äußerst feinen Ausführung der Details und der Anlage der ruhenden und in sich zurückgezogenen Mädchenfigur eine innere Gemütslage ausgedrückt, die dem Bild eine ausgewogene und friedliche Atmosphäre verleiht. Der lockere skizzenhafte Farbauftrag und die Wahl einer Alltagsszene bestärken wiederum den Eindruck eines lebendigen und flüchtigen Augenblicks, der nun bedeutungsvoll auf Leinwand gebannt wurde.

Trotz des impressionistischen Einschlags geht es weniger um die Zerlegung der Farbe, ein Kennzeichen des Impressionismus, als um die Übertragung des Erlebten und Gesehenen in Farbe. Die kühnen Pinselstriche täuschen dabei über die durchaus realistische Darstellung ihrer Motive hinweg, die in brillant ausgeführter Technik in zartem Kolorit von einer großen Hingabe zu den Portraitierten erzählt: Viele der abgebildeten Personen im Werk Ljubov Belychs sind enge Freunde und Familienangehörige.[1]

In poetischer Manier klingen hier wehmütige Kindheitserinnerungen an – Erinnerungen an eine sorglose Zeit, als man im natürlichen Einklang mit der Natur war und sich darin wie selbstverständlich zu bewegen verstand. Ein entschleunigter Lebensabschnitt, in dem sich die Sommermonate in einer schier unendlich langen Abfolge von heißen Tagen vor einem erstreckten und man eintretender Langeweile mit dem Sammeln von Steinen und Ästen oder dem Bauen von Sandburgen erstaunlich schnell Herr wurde. Um heute Mußestunden

Ljubov Belych, Unter der Sonne, 2006 (Kat. 59)

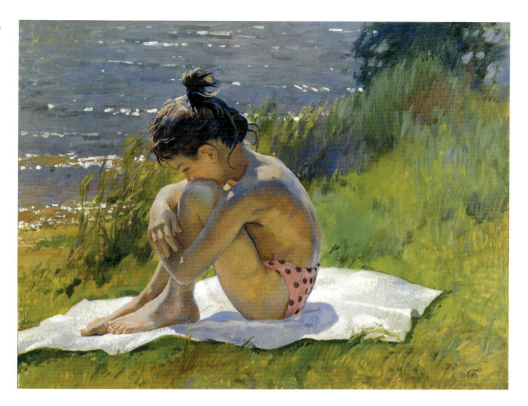

dieser Qualität zu erreichen, erfordert es nicht selten einen ausgeklügelten Masterplan – Auswahl des richtigen Ortes, Schaffen von Zeiträumen, Absage aller elektronischer Kommunikationsmittel – die im Zweifel alle nichts helfen, weil unser innerer Alltagsrhythmus partout nicht per Befehl zur Ruhe kommen will.²

Obwohl dieses Bild überall entstanden sein könnte – an den Ufern der Wolga in der fernen Heimat oder im neuen heimischen Isartal – so zieht uns hier vielmehr die suggestive Verheißung eines vollkommenen Topos der Ruhe in diesem stimmungsvollen und zauberhaften Portrait ganz und gar in seinen Bann. Ein sommerlicher Sehnsuchtsort zum Träumen!

Anmerkungen

Die Künstlerin Ljubov Belych stammt aus Kostroma an der Wolga. Sie studierte u.a. am Repin-Institut für Malerei, Skulptur und Architektur der Akademie der Künste der UdSSR in St. Petersburg. Heute lebt sie in Ebenhausen südlich von München.

1 Vgl. Kat. Ausst. Ljubov' Belych: živopis', grafika (dt.: Ljubov Belych: Malerei, Graphik), Elena Novikova (Hrsg.), Kostroma 2009.
2 Ulrich Schnabel setzt sich in dieser Publikation in seinem Beitrag „Geistesblitz aus dem Nichts. Auch die Hirnforschung entdeckt den Wert der Muße," mit dieser Problematik eingehend auseinander, S. 49–56.

**Katalog
der ausgestellten
Werke**

Carl Spitzweg, Skizzenbuch mit Bleistiftskizze von Murnau, 1854 (Kat. 1)
Die Skizzenbücher Spitzwegs geben anschaulich Auskunft über die Orte seiner Malaufenthalte. Als in München 1853/54 eine schwere Cholera-Epidemie grassiert, reist er zusammen mit seinem Malerkollegen und Freund Eduard Schleich d. Ä. ins bayerische Alpenvorland und nach Tirol. In Murnau mietet er sich im Gasthof Post ein. Während dieses Aufenthaltes bemalt er eine Standarte der priv. Feuerschützengesellschaft. 1856 ist er auf Durchreise nach Oberammergau, wo er sich die Passionsspiele ansieht, ein weiteres Mal in Murnau.
Lit.: Kat. Ausst. Carl Spitzweg. Vor und hinter den Kulissen, Schloßmuseum Murnau 2009, S. 7 ff. – Wilhelm Spitzweg, Carl Spitzweg, in: Der unbekannte Spitzweg. Ein Bild aus der Welt des Biedermeier. Dokumente, Briefe, Aufzeichnungen, München 1958, S. 98. – Siegfried Wichmann, Spitzweg, Begegnungen mit Moritz von Schwind und Arnold Böcklin und die kleine Landschaft, Kat. Ausst. Bayerische Staatsgemäldesammlungen München, München 1965, S. 138.

Seenlandschaften –
Refugien für Maler und Schriftsteller

Die Tochter (links) des Griesbräuwirtes Josef Urban
in der Küche des Gasthofes, um 1915 (Kat. 3)

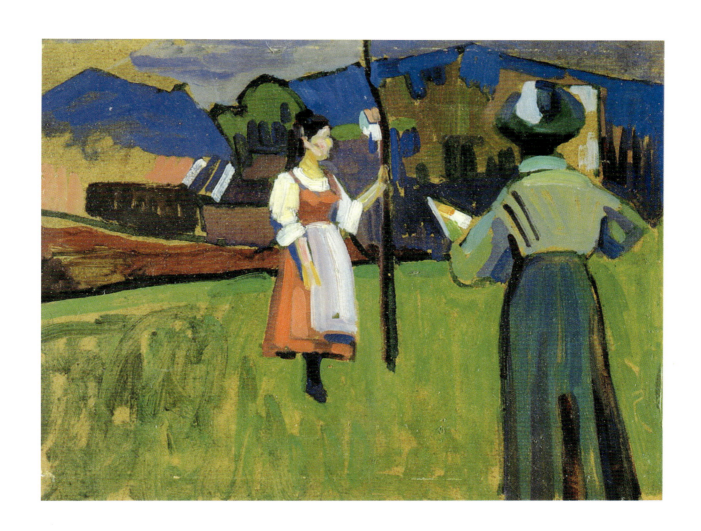

Wassily Kandinsky, Gabriele Münter beim Malen
der Tochter des Griesbräuwirtes, 1908 (Kat. 2)

Seenlandschaften –
Refugien für Maler und Schriftsteller

Wassily Kandinsky in Lederhose bei der Gartenarbeit
am Münter-Haus, um 1910/11
Foto: Gabriele Münter- und Johannes Eichner-Stiftung, München

Eintrag des Sommergastes Erma Bossi 1908 im „Verzeichnis
der in Murnau weilenden Sommergäste", 1905–1912: „Bossi Erma/
Kunstmalerin/[München]/Echter Martin/235a" (Kat. 9)

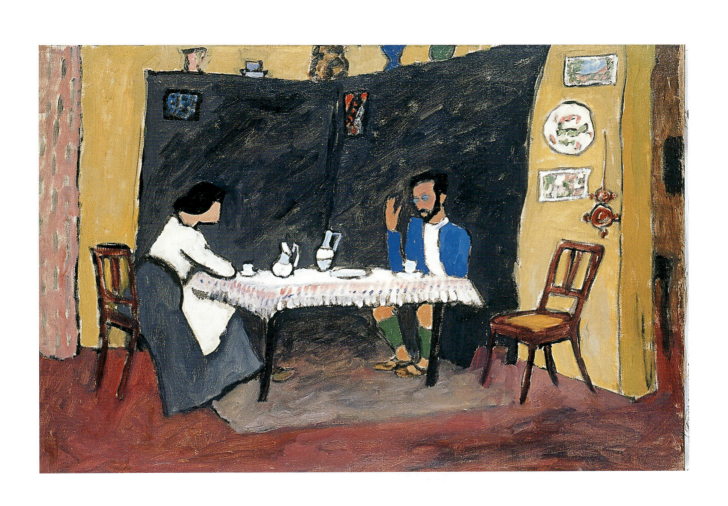

Gabriele Münter, Kandinsky und Erma Bossi am Tisch, 1909/10 (Kat. 4)

Seenlandschaften –
Refugien für Maler und Schriftsteller

Alexej Jawlensky, Marianne von Werefkin, Andreas Jawlensky und
Gabriele Münter in der Sollerstraße in Murnau, um 1909 (Kat. 6a)

Kahnpartie auf dem Staffelsee, Fotografie (Ausschnitt) um 1905 (Kat. 108)

Gabriele Münter, Bootsfahrt, 1910 (Kat. 5)

Seenlandschaften –
Refugien für Maler und Schriftsteller

Kandinsky mit seiner Malklasse in Kochel, Sommer 1902 (Kat. 29)
Neben Kandinsky steht die Malerin Emmi Dresler, die das Fahrrad
der Fotografin Gabriele Münter hält.

„Wir aßen Mittags gewöhnlich in Kas Hotel im „Grauen Bär" am See
mit K., Palme, Meerson u. a. Einmal malte ich am See u. K. kam zur
Korrektur er sah meinen Malkasten an u. fand darin schlechte Farben,
z. B. Schweinfurter Grün u. andere. Die feuerte er alle ins Gras, als
verboten. Und ich brauchte nur noch gute Farben, die er erlaubte. auf
Spaziergang [sic!] sprach er von Farben u. Mischungen. Es war zuerst
regnerisch u. grau. Ich hatte e. langen Gummimantel mit Pelerine u.
ein feines Fahrrad. So kam es, daß K. u. ich radelten u. um den See
kl. Ausfahrten machten. Die anderen Schüler waren ohne Rad."
(Zit. nach: Annegret Hoberg: Wassily Kandinsky und Gabriele Münter
in Murnau und Kochel 1902–1914. Briefe und Erinnerungen, München/
London/New York 1994, S. 32)

Wassily Kandinsky, Kochel – Blick auf das Gebirge, 1902 (Kat. 28)
Das Bild gehört zu den Arbeiten, die während Kandinskys Studienaufenthalt mit der Klasse seiner „Phalanx"-Malschule im Sommer 1902 entstanden sind.

Seenlandschaften –
Refugien für Maler und Schriftsteller

Hugo Troendle, Tagebuch 1921–1928 (Kat. 24)
„Vom 5. bis 15. August [1927] in Uffing am Staffelsee mit K. S. Gut
erholt, aber sonst keine Eindrücke, die Gebirgslandschaft liegt mir nicht.
Viele Sommerfrischler, langweilige Sommerfrischler ohne jedes Interesse.
Fad und ödes Dahinleben, aber körperlich gut erholt […]"

Hugo Troendle, Badende in Uffing, 1927 (Kat. 23)

Hugo Troendle, Badende, 1920er Jahre (Kat. 22)

Seenlandschaften –
Refugien für Maler und Schriftsteller

**Friedrich August von Kaulbach, Studie zu
„Tanzende Mädchen im Garten", um 1913 (Kat. 25)**

Friedrich August von Kaulbach, Garten in Ohlstadt, 1913 (Kat. 26)

Seenlandschaften –
Refugien für Maler und Schriftsteller

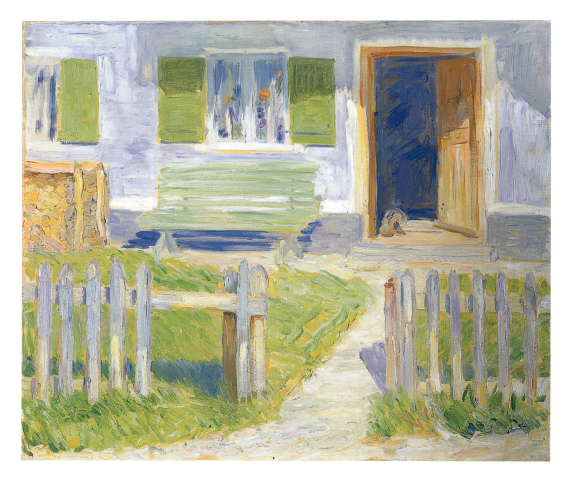

Maria Marc, Hauseingang mit Gartenzaun, um 1909 (Kat. 31)

„Irgend jemand erwähnte Sindelsdorf – und man erinnerte sich, dass es ja das Dörfchen sei, das man vom Berg in Kochel in der Sonne liegen sah, als 1906 das grosse Bild mit den beiden Frauen gemalt wurde. Wenn man damals fragte, wie das Dörfchen heisst, sagte er Sindelsdorf u. fügte hinzu – es soll sehr reizlos sein. Er ahnte nicht, was ihm diese reizlos gedachte Gegend einmal werden sollte.
Auf einem Winterausflug, dessen Weg auch über Sindelsdorf führte, blieb er dort hängen und mietete sofort eine Wohnung für den Sommer. Die eigenartige Landschaft – den Vorbergen vorgelagert – mit dem charaktervollen bergig-hügeligem Gelände – kam ihm sehr entgegen. Er ahnte auch, dass auf all' den bergigen Wiesen im Sommer u. Herbst das Vieh – die Pferde weiden würden und er war voller Mut, Freude und Hoffnung für seine Arbeit." (Maria Marc, Erinnerungen)

Franz oder Maria Marc, Interieur mit Küchenherd in der Staffelalm, 1908 (Kat. 30)

Maria und Franz Marc mit Hund Russi in Sindelsdorf, 1911 (Kat. 32a)

Maria und Franz Marc mit Paul, Helene und Philipp Marc (dem Bruder und den Eltern von Maria Marc) im Sindelsdorfer Garten, August 1911 (Kat. 32b)

Seenlandschaften –
Refugien für Maler und Schriftsteller

Josef Ruederer besucht Lovis Corinth in seinem Atelier in Berlin, um 1904 (Kat. 34b)
Der Dichter Josef Ruederer wohnt von 1891 bis 1897 in unmittelbarer Nachbarschaft zu Lovis Corinths Atelier in Schwabing. Es entwickelt sich eine lang andauernde Freundschaft zwischen den Beiden: „*Ruderer bewohnte die Etage unter meinem Atelier. Und da er auch zu den Nörglern zählte, sympathisierten wir bald, und mein Atelier klang bald von schmetterndem Dichtergezwitscher wider.*"
Im Jahr 1901 verlässt Corinth Schwabing und zieht nach Berlin.
Lit.: Lovis Corinth, Meine frühen Jahre, Hamburg 1954, S. 132 ff.

Lovis Corinth in seinem Berliner Atelier, nach 1901 (Kat. 34a)
Beide Fotografien hat Josef Ruederer in einem Fotoalbum verwahrt.

Lovis Corinth und Josef Ruederer, Brief an Elisabeth Ruederer mit einer Zeichnung von Lovis Corinth, 24.9.1896 (Kat. 33)
„Herzlichen Gruß von uns Beiden! Arbeit geht famos! Dein Josef"
und Corinth vermerkt auf der Karte: „Sehr verehrte Frau Ruederin, ich lege hiermit ganz ergebenst 1000 Grüsse bei an Sie und die Herrn Kinder. Ihr ergebenster Lovis Corinth."

Am Starnberger See, um 1905 (Kat. 35)

Seenlandschaften –
Refugien für Maler und Schriftsteller

Edward Cucuel, Zwei Mädchen am Starnberger See, 1920er Jahre (Kat. 36)
Fritz von Ostini, Schriftsteller, Redakteur der „Münchner Neuesten Nachrichten" und Verfasser zahlreicher Künstlermonographien, beschreibt Cucuel als „*Frauenmaler, der immer neue Versionen findet, weibliche Anmut zu zeigen [...], sein eigentliches Atelier ist heute, wie gesagt, der Starnberger See[...] Kein Platz, der sich besser für Edward Cucuels Arbeit eignete. Sobald der kurze südbayerische Frühling in den wärmenden Frühsommer überzugehen beginnt, zieht der Maler mit seinem Haushalt und einem oder zwei jugendlichen Modellen hier heraus. Eine ungeheuer intensive Arbeit von neun Uhr morgens bis sechs Uhr abends*".
Lit.: Fritz von Ostini, Der Maler Edward Cucuel, Zürich/Wien/Leipzig 1924, S. 22 f.

Seenlandschaften –
Refugien für Maler und Schriftsteller

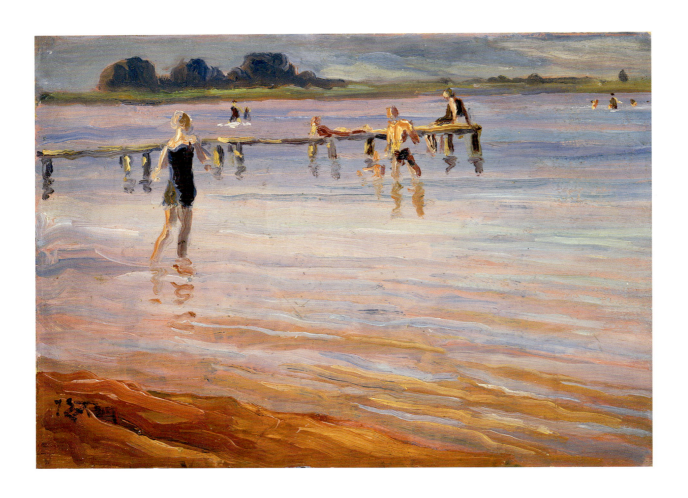

Julius Exter, „Badesteg". Badeplatz am Chiemseeufer
in der Feldwieser Bucht, 1920er Jahre (Kat. 38)

Julius Exter, „Badende mit Kahn". Zwei junge Frauen am Chiemseestrand, 1920er Jahre (Kat. 39)

Seenlandschaften –
Refugien für Maler und Schriftsteller

Lilly von Schnitzler an Stephan Lackner, 26. April 1956 (Kat. 43)
Lilly von Schnitzler schreibt am 26. April 1956 an den damaligen Besitzer des Bildes, Stephan Lackner: „[...] *Beckmann verbrachte 1933 od. 34 (das weiss ich nicht mehr genau, doch mietete ich d. Landhaus nur diese 2 Sommer) als Gast bei mir einige Hochsommertage während der Heuernte. Wir sassen auf der kleinen Terrasse, plauderten tranken Whiskey, freuten uns – so gut es noch bei der politisch fragwürdigen Atmosphäre damals ging.*" (Original im Max Beckmann-Archiv, München)
Stephan Lackner kaufte das Gemälde 1939 von Max Beckmann.

Max Beckmann, Blick auf den Chiemsee, 1934 (Kat. 42)
Das Bild zeigt den Blick aus dem Haus, das Lilly und Georg von Schnitzler auf der Aischinger Höhe bei Gstadt gemietet hatten und wo Beckmann im Sommer 1934 zu Besuch war.

Seenlandschaften –
Refugien für Maler und Schriftsteller

Karl Hubbuch, Frau im Liegestuhl (Marianne), 1930/35 (Kat. 44)

Karl Hubbuchs Modell Marianne Beffert im Rheinstrandbad, Anfang 1930 (Kat. 45)
Hubbuch lernt 1929 vermutlich im Rheinstrandbad in Rappenwört (bei Karlsruhe) Marianne Beffert kennen, die bis 1933 für zahlreiche Fotografien und Zeichnungen Hubbuch Modell steht.
Lit.: Kat. Ausst. Karl Hubbuch und das Neue Sehen. Fotografien, Gemälde, Zeichnungen 1925–1935, Münchner Stadtmuseum 2011, hrsg. von Ulrich Pohlmann und Karin Koschkar, S. 69.

Karl Hubbuch, Am Tegernsee Rottach-Egern, 1960 (Kat. 46)

**Bilder
wie
Sommer**

Georges Binet, Strandszene, um 1905 (Kat. 48)

Bilder wie Sommer

Charles Palmié und Künstlerkollegen mit Malutensilien
auf dem Weg zur Freilichtmalerei, um 1908 (Kat. 52c)

Charles Palmié mit Künstlern beim Malen im Freien, 1908 (Kat. 52b)

Charles Palmié mit Malkarren am Strand (Kat. 52d)

Charles Palmié, Riddagshausen, 1908 (Kat. 51)

Bilder wie Sommer

Charles Palmié, Grüne Pappeln, 1906 (Kat. 50)

Toni von Stadler, Sommerlandschaft, 1907 (Kat. 49)

Max Liebermann, Blick auf die Blumenterrasse nach Südwesten, Berlin, Wannsee, ca. 1926 (Kat. 55)
Die Ansicht zeigt das Sommerhaus von Max Liebermann am Wannsee mit der zum See ausgerichteten Terrasse. Liebermann hatte sich das Haus nach dem Vorbild holländischer Patrizierhäuser bauen lassen und sich von Alfred Lichtwark, dem Direktor der Hamburger Kunsthalle, Anregungen für die Gartengestaltung geben lassen.

„Wenn man das nicht große Grundstück kennt, muß man erstaunen, wie viele verschiedene Ansichten ihm abgewonnen worden sind. Im Inneren herrschte in diesem Haus dieselbe Kultur wie in dem Berliner Familienhaus, doch war die Gesamtstimmung kühler. Unvergeßlich sind die sommerlichen Mittag- und Abendessen in dem Speisezimmer, dessen geöffnete Türen den Blick freigaben auf Blumenbeete und Rasenflächen, auf einen Birkenweg und auf den Wannsee mit seinem stählern glänzenden Wasserspiegel und den dahinziehenden Segelschiffen."
Lit.: Karl Scheffler, Die fetten und die mageren Jahre, Leipzig, München 1946, teilweise abgedruckt in: Sigrid Achenbach, Matthias Eberle: Max Liebermann in seiner Zeit, Kat. Ausst. Nationalgalerie Berlin/Haus der Kunst, München, Berlin 1979, S. 98 ff.

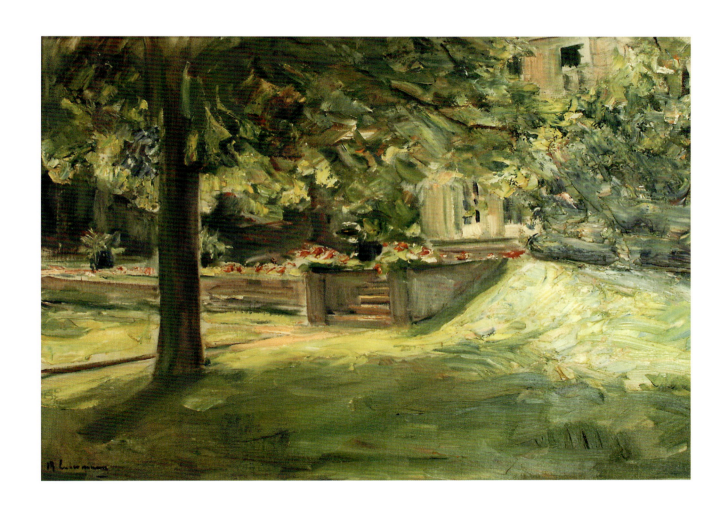

Bilder wie Sommer

Maria Marc, Löwenzahn, um 1910 (Kat. 53)

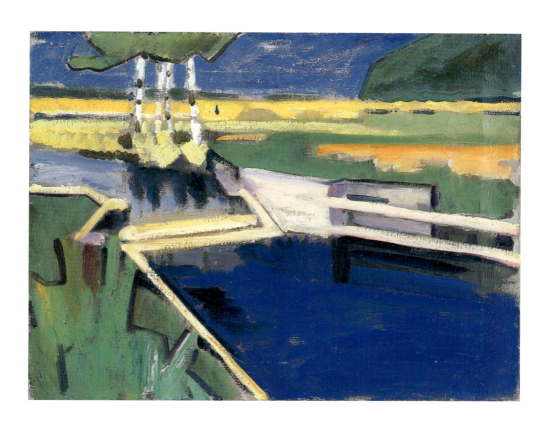

Maria Marc, Birken am Wehr, um 1911 (Kat. 54)

Bilder wie Sommer

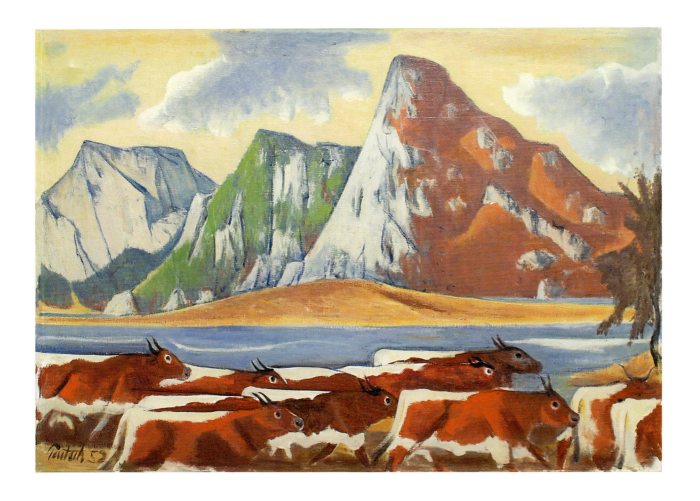

Walther Teutsch, Kuhherde, 1952 (Kat. 56)

Ilse Daiber, Gebirgssee (Walchensee?), 1970er Jahre (Kat. 57)

Herbert Brandl, Ohne Titel, 2003/04 (Kat. 58)
2007 zeigte der Österreichische Pavillon auf der Biennale in Venedig Brandl mit einer Einzelausstellung. Er gilt unter den zeitgenössischen Künstlern als Wiederentdecker einer Malerei, die sich dynamisch und mit kraftvoll breitem Pinselduktus zwischen Gegenständlichem und Abstraktem in der Tradition von Gerhard Richter und Per Kirkeby bewegt. Seine Arbeiten erhalten trotz der sich auflösenden abstrahierenden Landschaften eine physische Präsenz und erschließen durch das Verharren im Unbestimmten einen neuen Raumbegriff.
Lit.: Herbert Brandl. la Biennale di Venezia, hrsg. von Rudolf Fleck, Ostfildern 2007 – Herbert Brandl, Berge und Landschaften. Monotypien 2009/2010, Albertina, hrsg. von Antonia Hoerschelmann, Wien 2010.

Verzeichnis der ausgestellten Werke

Seenlandschaften – Refugien für Maler und Schriftsteller

Carl Spitzweg in Murnau

1 (Abb. S. 61)
Carl Spitzweg
Skizzenbuch mit Bleistiftskizzen
von Murnau, 1854
82 Blätter, 15,5 × 22,5 cm (aufgeklappt)
Schloßmuseum Murnau, Inv. 8385

Wassily Kandinsky und Gabriele Münter in Murnau

2 (Abb. S. 63)
Wassily Kandinsky
Gabriele Münter beim Malen der Tochter
des Griesbräuwirtes, 1908
Rückseitig bezeichnet: „Kandinsky Murnau,
1908 / G. Münter beim Malen der Tochter
vom Griesbräu", Öl auf Karton, 33 × 41 cm
Dauerleihgabe der Gabriele Münter-
und Johannes Eichner-Stiftung, München

3 (Abb. S. 62)
Die Tochter des Griesbräuwirtes Josef Urban
in der Küche des Gasthofes, um 1915
Fotografie, Reproduktion
Familie Michael Gilg, Griesbräu zu Murnau

4 (Abb. S. 65)
Gabriele Münter
Kandinsky und Erma Bossi am Tisch, 1909/10
Öl auf Leinwand, 49,3 × 70 cm
Schloßmuseum Murnau, Inv. 7370
Erworben mit Mitteln der Bayerischen Landes-
stiftung, München, des Förderkreises Schloß-
museum Murnau e. V., der Stiftung Schloß-
museum Murnau, der Landesstelle für die
nichtstaatlichen Museen, München, der Stiftung
Forster, Erika und Werner Krisp
Den Erwerb hatte die Ernst von Siemens
Kunststiftung, München, teilweise vorfinanziert.

5 (Abb. S. 67)
Gabriele Münter
Bootsfahrt, 1910
Öl auf Karton, 25,7 × 33,4 cm
Privatbesitz

6a (Abb. S. 66)
Alexej Jawlensky, Marianne von Werefkin,
Andreas Jawlensky und Gabriele Münter
in der Sollerstraße in Murnau, um 1909
Fotografie, Reproduktion
Original in der Gabriele Münter-
und Johannes Eichner-Stiftung, München

6b
Alexej Jawlensky mit seinem Sohn Andreas
in der Johannisstraße in Murnau, um 1909
Fotografie, Reproduktion
Original in der Gabriele Münter-
und Johannes Eichner-Stiftung, München

6c
Gabriele Münter vor dem Staffelsee,
um 1908/09
Fotografie, Reproduktion
Original in der Gabriele Münter-
und Johannes Eichner-Stiftung, München

6d
Münter-Haus, um 1909
Fotografie, Reproduktion
Original in der Gabriele Münter-
und Johannes Eichner-Stiftung, München

7
Marianne von Werefkin
Skizzenbuch A 24 aus den Jahren 1907 bis 1910
Faksimile, Original in der Fondazione
Marianne Werefkin, Museo comunale
d'arte moderna, Ascona, FMW 47-1-652-a24

8
„Verzeichnis der in Murnau
weilenden Sommergäste", 1. Mai 1897–1904
Buch mit alphabetischem Register,
nach Jahren geordnet
Marktarchiv Murnau

9 (Abb. S. 16 und S. 64)
„Verzeichnis der in Murnau
weilenden Sommergäste", 1. Mai 1905–1912
Buch mit alphabetischem Register,
nach Jahren geordnet
Marktarchiv Murnau

Emanuel von Seidl in Murnau

10
Emanuel von Seidl
Mein Landhaus, 1910
Text von Emanuel von Seidl
mit zahlreichen Fotografien seines 1901
erbauten Landhauses,
Verlags-Anstalt Alexander Koch, Darmstadt,
1910, 31 × 25 cm (geschlossen)
Schloßmuseum Murnau, Inv. 6058 u. 3629

11
Fotografien von der Freilicht-Aufführung
„Ein Sommernachtstraum" im Park
der Seidl-Villa, 28. August 1910
Schloßmuseum Murnau, Bildarchiv,
Archiv der Max-Reinhardt-Forschungs-
und Gedenkstätte, Salzburg

12
Ankündigung zur Freilicht-Aufführung
von Shakespeares „Ein Sommernachtstraum"
im Park der Seidl-Villa, 28. August 1910
Farbdruck auf Papier, 62 × 26 cm
Schloßmuseum Murnau, Inv. 4724

13 (Abb. S. 21)
Emanuel von Seidl mit seiner späteren
Frau Maria Luberich, um 1915
Fotografie, 17,8 × 12,5 cm
Schloßmuseum Murnau, Bildarchiv

14
Seidlvilla, nach 1916
Fotografie, 11,5 × 15,5 cm
Schloßmuseum Murnau, Bildarchiv
*„Warum sollte ich nicht auch einige Bäume
besitzen und als bescheidenes Nest einen
Arbeitsraum mit einem Alkoven als Schlaf-
zimmer? – So sann und überlegte ich, als ich
auf einer schönen Wiese an der alten Straße
von Murnau nach Garmisch saß"*
(Emanuel von Seidl, in: Mein Landhaus)

Franziska zu Reventlow in Murnau

15 (Abb. S. 39)
Franziska zu Reventlow
Tagebuch Nr. 5
„1901, Sommer Juli 1901"

Schwarzer Einband, 12 x 19 cm
Monacensia. Literaturarchiv und Bibliothek,
München, Nachlass F. zu Reventlow

16 (Abb. S. 39)
Franziska zu Reventlow mit ihrem Sohn Rolf,
genannt „Bubi", um 1902
Fotografie, 17 x 12 cm
Original im Münchner Stadtmuseum,
Schwabing-Archiv

Ödön von Horváth in Murnau

17
Maria Hermine von Horváth
mit ihren Söhnen Ödön und Lajos
vor ihrem Haus in der Bahnhofstraße, 1925
Fotografie, 12,5 x 17,5 cm
Schloßmuseum Murnau, Bildarchiv

18 a, b, c (Abb. S. 42)
Ödön von Horváth mit Freunden
im Murnauer Strandbad, 1920er Jahre
Fotografien
Schloßmuseum Murnau, Bildarchiv (18a, c),
Privatbesitz (18b)

19 a, b, c (Abb. S. 42)
Ödön von Horváth mit Eltern und Freunden
auf der Fürst-Alm, 1920er Jahre
Fotografien
Schloßmuseum Murnau, Bildarchiv (19a)
Privatbesitz (19b, c)

20a (Abb. S. 43)
Ödön von Horváth mit Felizia Seyd
im Garten des Murnauer Hauses, 1924
Fotografie, 15,8 x 11,3 cm
Schloßmuseum Murnau, Bildarchiv

20b
Felizia Seyd
Sommer der Verwirrung, 1938
Roman
Henry Burmester Verlag, Bremen
Schloßmuseum Murnau, Inv. 11296

21
Ödön von Horváth
Italienische Nacht. Ein Volksstück, 1930
Propyläen-Verlag, Berlin
Schloßmuseum Murnau, Hae 1154

Hugo Troendle in Uffing

22 (Abb. S. 71)
Hugo Troendle
Badende, 1920er Jahre
Öl auf Leinwand, 44 x 52 cm
Hugo Troendle Archiv, München

23 (Abb. S. 71)
Hugo Troendle
Badende in Uffing, 1927
Farbige Kreiden auf Papier,
32,2 x 48,5 cm (Blattmaß)
Bez. u. li.: „Uffing Aug. 27", u. re.: „H. Tr."
Hugo Troendle Archiv, München

24 (Abb. S. 70)
Hugo Troendle
Tagebuch 1921–1928
Heft, Bleistift auf Papier, 18,5 x 12 cm
Hugo Troendle Archiv, München

Friedrich August von Kaulbach in Ohlstadt

25 (Abb. S. 72)
Friedrich August von Kaulbach
Studie zu „Tanzende Mädchen im Garten",
um 1913
Öl auf Leinwand, 66 x 85,5 cm
Deutsche Rentenversicherung,
Ohlstadt, Kaulbach-Haus, Inv. 1155

26 (Abb. S. 73)
Friedrich August von Kaulbach
Garten in Ohlstadt, 1913
Öl auf Leinwand, 61,5 x 85,5 cm
Bez. u. li.: „F A Kaulbach 1913"
Deutsche Rentenversicherung,
Ohlstadt, Kaulbach-Haus, Inv. 10

27 a–d (Abb. S. 22)
Fotografien aus dem Nachlass
Friedrich August von Kaulbach
Autochrome/Reproduktionen
Originale im Fotomuseum des Münchner
Stadtmuseums
a) Die Familie Kaulbach im Garten
   der Villa in Ohlstadt, um 1910
b) Hedda, Doris und Mathilde von Kaulbach
   im Ohlstädter Garten, um 1910
c) Hedda im Garten der Kaulbach-Villa
   in Ohlstadt, um 1910
d) Frida von Kaulbach als Modell
   ihres Mannes, um 1905

Wassily Kandinsky in Kochel

28 (Abb. S. 69)
Wassily Kandinsky
Kochel – Blick auf das Gebirge, 1902
Öl auf Karton
Schloßmuseum Murnau, Inv. 7299
Vermächtnis Katharina Resch,
im Andenken an Franz Resch

29 (Abb. S. 68)
Kandinsky mit seiner Malklasse
per Fahrrad in Kochel, Sommer 1902
Fotografie, Reproduktion
Original in der Gabriele Münter-
und Johannes Eichner-Stiftung, München

Franz und Maria Marc in Sindelsdorf

30 (Abb. S. 75)
Franz oder Maria Marc
Interieur mit Küchenherd in der Staffelalm,
1908
Aquarellfarben mit Deckweiß auf Papier,
37,5 x 48,5 cm
Bez. u. re.: „Staffel-Alm 1908"
Privatbesitz

31 (Abb. S. 74)
Maria Marc
Hauseingang mit Gartenzaun, um 1909
Öl auf Leinwand, 68 x 75 cm
Privatbesitz

32a (Abb. S. 75)
Maria und Franz Marc
mit Hund Russi, Sommer 1911
Fotografie, Reproduktion
Original in Privatbesitz

32b (Abb. S. 75)
Die Familie von Maria Marc zu Besuch
in Sindelsdorf, August 1911
Fotografie, Reproduktion
Original in Privatbesitz

**Lovis Corinth und Josef Ruederer
in St. Heinrich am Starnberger See**

33 (Abb. S. 77)
Lovis Corinth und Josef Ruederer
Brief an Elisabeth Ruederer mit einer
Zeichnung von Lovis Corinth, 24.9.1896
Bez.: „Der Dichter/Am Starnbergersee/
Der Maler",
Blei- und Buntstift auf Karton, 16 x 24 cm
Monacensia, Literaturarchiv und Bibliothek,
München, Pb 568

34a (Abb. S. 76)
Lovis Corinth in seinem Berliner Atelier,
um 1904
Fotografie aus einem Album
von Josef Ruederer
Original in der Monacensia. Literaturarchiv
und Bibliothek, München

34b (Abb. S. 76)
Lovis Corinth und Josef Ruederer
im Atelier von Lovis Corinth in Berlin, um 1904
Fotografie aus einem Album
von Josef Ruederer
Original in der Monacensia. Literaturarchiv
und Bibliothek, München

35
Ansichten vom Starnberger See, um 1905–1930
Postkarten und Fotografien
Stadtarchiv Starnberg, Bestand Wörsching

Edward Cucuel am Starnberger See

36 (Abb. S. 79)
Edward Cucuel
Zwei Mädchen am Starnberger See,
1920er Jahre
Öl auf Leinwand, 101 x 101 cm
Privatsammlung Landshut, Bayern

Familie Mann in Tölz

37a
Erika und Klaus Mann als Kleinkinder
nahe dem Tölzer Feriendomizil, um 1909
Fotografie, 5 x 7 cm
Monacensia. Literaturarchiv und
Bibliothek, München, KM F 87

37b (Abb. S. 28)
Monika, Golo, Klaus und Erika Mann im Gras
vor dem Ferienhaus in Tölz (v.l.n.r), um 1913
Fotografie, 9,2 x 8,7 cm
Monacensia. Literaturarchiv und
Bibliothek, München, EM F 170

37c (Abb. S. 28)
Die Mann-Kinder Golo, Monika, Erika und
Klaus im Gras in ländlicher Umgebung (v.l.n.r)
Fotografie, 8 x 8 cm
Monacensia. Literaturarchiv und
Bibliothek, München, EMB F 263

Julius Exter am Chiemsee

38 (Abb. S. 80)
Julius Exter
„Badesteg". Badeplatz am Chiemseeufer
in der Feldwieser Bucht, 1920er Jahre
Mischtechnik auf Pappe, 48,6 x 66 cm
Bez. u. li.: „J Exter", Bayerische Verwaltung
der staatlichen Schlösser, Gärten und Seen,
Inv. Nr. Ex. 983 (WVZ 124)

39 (Abb. S. 81)
Julius Exter
„Badende mit Kahn". Zwei junge Frauen
am Chiemseestrand, 1920er Jahre
Mischtechnik auf Pappe, 37 x 54,8 cm
Bez. u. re.: „J Exter", Bayerische Verwaltung
der staatlichen Schlösser, Gärten und Seen,
Inv. Nr. Ex. 987 (WVZ 360)

40 (Abb. S. 26)
Südseite des Exter-Hauses in Übersee
am Chiemsee, Ortsteil Feldwies, 1996
Fotografie, Reproduktion
Original in Privatbesitz

41 (Abb. S. 26)
Julius Exter mit seiner Tochter Judith
im Garten, 1925
Fotografie, Reproduktion
Original in der Bayerischen Verwaltung
der Staatlichen Schlösser, Gärten und Seen,
München

Max Beckmann am Chiemsee

42 (Abb. S. 83)
Max Beckmann
Blick auf den Chiemsee, 1934
Bez. u. re.: „Beckmann/B 32"
Ursprünglich richtig bez. u. re.:
„Beckmann 34"
Öl auf Leinwand, 65 x 95,5 cm
The Peter Lackner Family Collection

43 (Abb. S. 82)
Lilly von Schnitzler an
Stephan Lackner, 26. April 1956
Brief, Reproduktion
Max Beckmann Archiv, München

Karl Hubbuch am Tegernsee

44 (Abb. S. 84)
Karl Hubbuch
Frau im Liegestuhl (Marianne), 1930/35
Farbstift, Kreide und Bleistift
63,5 x 48,5 cm
Schloßmuseum Murnau,
Leihgabe aus Privatbesitz

45 (Abb. S. 84)
Karl Hubbuch
Marianne Beffert
im Rheinstrandbad, Anfang 1930
Fotografie, Reproduktion
Fotomuseum des Münchner Stadtmuseums,
Bildarchiv, FM-2001/100/19

46 (Abb. S. 85)
Karl Hubbuch
Am Tegernsee Rottach-Egern, 1960
Farbige Kreiden, Filzstift
und Tusche, 48 x 66 cm
Bez. u. re. Signaturstempel,
am Unterrand Trockenstempel,
rückseitig betitelt und datiert
Privatbesitz

Johanna Schütz-Wolf bei Maria Marc in Ried bei Benediktbeuern

47
Johanna Schütz-Wolff
Ried, 1942
Gobelin, Schafwolle, 130 x 180 cm
Evangelische Akademie, Tutzing

Als 24jährige Kunstgewerbestudentin lernt Johanna Schütz-Wolff Maria Marc 1920 bei einem Besuch in Ried kennen.
Aus dem gemeinsamen Interesse für das Weben entwickelt sich eine langjährige Freundschaft. 1938 verbringt Schütz-Wolff mit ihrer Tochter Anne zum Weben ein dreiviertel Jahr bei Maria Marc.
1940 reist sie ebenfalls nach Ried und bleibt mit einer Unterbrechung von zwei Jahren, die sie in Tölz verbringt, bis 1946 dort.
1942 schreibt sie an ihrem Mann Paul Schütz:
„Die drei Kühe sind jetzt da und die mittlere, eine tiefschwarze, schläft wirklich, während die anderen beiden wachen […] In den Farben lerne ich wieder enorm. Bei Frau Marc ging das Färben prachtvoll und ich werde nächste Woche bei ihr die Wolle zu dem zarten blauen Himmel färben. Der zarte blaue Himmel, der hier so märchenhaft unzählige Male über der Landschaft steht."

Bilder wie Sommer

48 (Abb. S.87)
Georges Binet
Strandszene, um 1905
Öl auf Leinwand, 40,5 x 50 cm
Schloßmuseum Murnau,
Leihgabe aus Privatbesitz

49 (Abb. S.91)
Toni von Stadler
Sommerlandschaft, 1907
Öl auf Holz, 33 x 44 cm
Bez. u. r.: „v. Stadler M 1907"
Privatbesitz

50 (Abb. S.90)
Charles Palmié
Grüne Pappeln, 1906
Bez. u. l. „Charles J. Palmié/ Giverny 06"
Öl auf Leinwand, 73 x 83 cm
Schloßmuseum Murnau, Inv. 11655

51 (Abb. S.89)
Charles Palmié
Riddagshausen, 1908
Bez. u. r.: „Charles J. Palmié/ Riddagshausen 08"
Öl auf Leinwand, 94 x 83 cm
Schloßmuseum Murnau, Inv. 11656

52a
Charles Palmié in seinem Atelier,
München um 1900
Fotografie, 17 x 23 cm
Schloßmuseum Murnau,
Bildarchiv, Inv. R 180/2,3

52b (Abb. S.88)
Charles Palmié mit Künstlerkollegen beim Malen im Freien, 1908
Fotografie, 9 x 12 cm
Schloßmuseum Murnau,
Bildarchiv, Inv. 11631,8

52c (Abb. S.88)
Charles Palmié und Kollegen mit Malutensilien auf dem Weg zur Freilichtmalerei, um 1908
Fotografie, 9 x 12 cm
Schloßmuseum Murnau, Bildarchiv,
Inv. 11631,9

52d (Abb. S.88)
Charles Palmié mit Malkarren am Strand
Fotografie, 35,5 x 48,5 cm
Schloßmuseum Murnau, Bildarchiv,
Inv. 11631,32

52e
Charles Palmié mit Picknickgesellschaft im Freien, um 1909
Fotografie, 16,5 x 12 cm
Schloßmuseum Murnau, Bildarchiv,
Inv. 11631,22

53 (Abb. S.94)
Maria Marc
Löwenzahn, um 1910
Öl auf Leinwand, 42,3 x 58 cm
Privatbesitz

54 (Abb. S.95)
Maria Marc
Birken am Wehr, um 1911
Öl auf Leinwand, 40,5 x 52 cm
Privatbesitz

55 (Abb. S.93)
Max Liebermann
Blick auf die Blumenterrasse nach Südwesten, Berlin, Wannsee, ca. 1926
Öl auf Leinwand, 54 x 75 cm
Bez. u. li.: „M Liebermann"
Privatbesitz

56 (Abb. S.96)
Walther Teutsch
Kuhherde, 1952
Bez. u. li.: „Teutsch 52"
Öl auf Leinwand, 76,5 x 102,5 cm
Leihgabe aus Privatbesitz

57 (Abb. S.97)
Ilse Daiber
Gebirgssee (Walchensee?), 1970er Jahre
Öl auf Leinwand, 60 x 80 cm
Schloßmuseum Murnau, Inv. 11539

58 (Abb. S.99)
Herbert Brandl
Ohne Titel, 2003/04
Öl auf Leinwand, 120,5 x 160,5 cm
Schloßmuseum Murnau
Leihgabe aus Privatbesitz

59 (Abb. S. 59)
Ljubov Belych
Unter der Sonne, 2006
Öl auf Leinwand, 70 × 90 cm
Privatbesitz

Murnau als Ferienort/ Sommerbilder

Auf nach Murnau

60
Reise und Verkehrs Zeitung, 1895
Internationales illustriertes Organ
Für Fremdenverkehr. Hotel-, Bäder-
und Geschäfts-Anzeiger
Zeitungsdruck, 36,5 × 28,1 cm
Schloßmuseum Murnau, Inv. 2991

61
„Erinnerung an die I. Extra-Probefahrt
auf der Elektrischen Bahn
Murnau-Oberammergau", 13.11.1898
Fotografie, 22,1 × 16,3 cm
Schloßmuseum Murnau, Bildarchiv

62 (Abb. S. 9)
„Abfahrt und Ankunft der Züge
in Murnau, gültig vom 1. Oktober 1903 ab"
Druck auf Papier, 38,7 × 31,9 cm
Schloßmuseum Murnau, Bildarchiv

63 (Abb. S. 6)
Ludwig Hohlwein
„In 90 Minuten von München
nach Garmisch-Partenkirchen", um 1928
Hrsg.: Reichsbahndirektion, München,
Fremdenverkehrsverein München
und bayerisches Hochland e.V.
Bez. M. r.: „Ludwig Hohlwein München",
Lithographie, 21,5 × 19,3 cm
Druck: Carl Gerber, München
Münchner Stadtmuseum, Sammlung Graphik/
Plakat/Gemälde, Inv. 3MSt G87/44/291

64
Zeitschrift „Die Woche im Bild"
mit dem Titelblatt „Murnau am Staffelsee",
Januar 1950, 28. Jhg., Nr. 3
Farbdruck auf Papier, 32,5 × 23 cm
Schloßmuseum Murnau, Inv. 5704

65 (Abb. S. 9)
Erika Groth-Schmachtenberger
Kofferenladen in Murnau, um 1960er Jahre
Zwei Fotografien, 20 × 17,4 cm
Bildarchiv Schloßmuseum Murnau

66
Ferienziele im Alpenvorland:
„Urlaub mit dem Ferienexpress –
Deutsche Alpen", 1950
Arbeitsgemeinschaft der Gesellschaftsreisen
Schloßmuseum Murnau, Inv. 11859

67
Lederkoffer mit Aufklebern
30 × 49,5 × 12,5 cm
Schloßmuseum Murnau, Inv. 122
Schenkung Erika Groth-Schmachtenberger

In Murnau

68 (Abb. S. 10)
„Panorama vom Staffelsee", 1899
Doppelfaltkarte nach einer Fotografie
Chromolithographie, 28 × 9 cm
Schloßmuseum Murnau, Sammlung Freude,
Inv. 11825,3

69
Postkarte „Uferpartie
am Staffelsee", um 1900
Photolithographie, 9 × 14 cm
Schloßmuseum Murnau,
Sammlung Freude, Inv. 11825/3

70
Kurhaus Staffelsee, um 1900
Fotografie, 12,5 × 17 cm
Schloßmuseum Murnau, Bildarchiv,
Inv. Kr. 292/14

71
Musterbuch eines Postkartenverkäufers,
„Murnau – Staffelsee", um 1901–1925
Buch mit eingeklebten Postkarten,
43,8 × 36,3 cm
Schloßmuseum Murnau,
Sammlung Freude, Inv. 11825,1

72 (Abb. S. 11)
Seeweg-Anlage bei Murnau, vor 1907
Fotolithographie, 8,8 × 13,9 cm
Schloßmuseum Murnau,
Sammlung Freude, Inv. 11825,6

73 (Abb. S. 10)
Die Murnauer Familie Streidl,
Hauptstraße in Murnau, um 1910
Fotografie: Gabriele Münter
Reproduktion, Original in der
Gabriele Münter- und Johannes Eichner-
Stiftung, München

74 (Abb. S. 10)
Ansicht von Murnau, ca. 1913
Rastertiefdruck nach
Fotolithographie, 8,8 × 13,8 cm
Schloßmuseum Murnau,
Sammlung Freude, Inv. 11825,6

75 (Abb. S. 10)
Murnauer Obermarkt Richtung
Süden, um 1920
Foto: Max Stoess,
Fotografie, 17 × 10,1 cm
Schloßmuseum Murnau, Bildarchiv

76
Mariensäule mit Weinhaus
von Gustav Kirchmayr, 1920er Jahre
Fotografie, 17,7 × 23,5 cm
Schloßmuseum Murnau,
Bildarchiv, Inv. 11882

77 (Abb. S. 13)
Staffelsee mit Insel Wörth, vor 1926
Foto: C. J. Luther, München
Fotopostkarte, 9 × 14 cm,
Druck: Kunstanstalt H. Callsen, München
Schloßmuseum Murnau,
Sammlung Freude, Inv. 11825,3

78
Kurhaus St. Uli
am Staffelsee, 1930er Jahre
Foto: Anton Metzger
Fotografie, 12,6 × 20 cm
Schloßmuseum Murnau, Bildarchiv

79 a, b (Abb. S.10)
Ansicht von Murnau
im Frühling, 1940er Jahre
Fotos: Sepp Jäger
Fotografien, 17 x 23 cm
Schloßmuseum Murnau, Bildarchiv,
Inv. 1850/37

80
Murnau gegen Süden
Foto des Fremdenverkehrsverbandes
München-Oberbayern, um 1950
Fotografie, 18 x 23,7 cm
Schloßmuseum Murnau,
Bildarchiv, Inv. 11881

81 (Abb. S.10)
Strahdrischen im Murnauer
Moos, um 1950
Fotografie, 10,6 x 14,5 cm
Schloßmuseum Murnau,
Bildarchiv, Kr 524(22)

82 (Abb. S.11)
Lesehalle mit Kurgartenanlage, um 1940
Fotografie, 9 x 13,8 cm
Schloßmuseum Murnau,
Bildarchiv R31

83
Plakat
Evangelische Gottesdienste, 1960
Farbdruck auf Papier, 61 x 42 cm
Schloßmuseum Murnau, Inv. 1710

**Gaststätten, Hotels
und Cafés in Murnau**

84 (Abb. S.12)
Gasthof Post, um 1900
Fotografie, 13 x 17,5 cm
Schloßmuseum Murnau,
Bildarchiv, Inv. 9182/7

85
Ratskeller im Gasthof Post, 1929
Fotografie, 12,8 x 17,8 cm
Schloßmuseum Murnau,
Bildarchiv, Kr. 448

86 (Abb. S.17)
Grüsse aus dem Bahnhof-Hotel
Murnau am Staffelsee, um 1900
Vierfarbendruck, 9 x 14 cm
Postkarte, gestempelt: 28.9.1904
Schloßmuseum Murnau,
Sammlung Freude, Inv. 11825/6

87
„Führer durch Murnau".
Reproduktion einer Karte mit Abbildungen
der Gaststätten Murnaus, um 1913,
17,8 x 11,8 cm
Verlag: P. Moser, Murnau
Schloßmuseum Murnau,
Bildarchiv, Kr.268/1

88
Hotel Wehe, 1930
Familie Wehe mit Belegschaft
Fotografie, 17 x 12,2 cm
Schloßmuseum Murnau,
Bildarchiv

89
Hotel Wehe, 1930–1940
Postkarte, 8,5 x 13,8 cm
Schloßmuseum Murnau,
Bildarchiv, Inv. 11885

90
Otto Steiger's Wein-
und Kaffee-Restaurant, um 1914
Lithographie, Reproduktion,
10,8 x 18 cm
Schloßmuseum Murnau,
Bildarchiv, Kr. 233(07)

91 (Abb. S.12)
Hotel-Pension Schönblick, um 1924
Fotografie, 17,8 x 12,5 cm
Schloßmuseum Murnau,
Bildarchiv

92
Hotel-Pension Schönblick
(auch „Bellevue"), 1960er Jahre
Fotografie, 17,6 x 12,6 cm
Schloßmuseum Murnau,
Bildarchiv, Kr. 243(07)

93
Entwurfszeichnung einer Geschäftsreklametafel
für das Bahnhof-Hotel Murnau, um 1928
Bleistift auf Pergament,
33,5 x 26,2 cm
Schloßmuseum Murnau,
Inv. 5751/47

94
Prospekt „Staffelsee!".
von Gasthof und Pension
„Seerose"
Buch- und Kunstdruckerei
Josef Fürst, Murnau
11,6 x 16 cm
Schloßmuseum Murnau, Inv. 4865
Schenkung Helga Kirchmeir

95
Pension & Café „Schloßberg", Murnau
Foto: Anton Metzger, um 1930
Fotografie, Reproduktion,
20 x 12,8 cm
Schloßmuseum Murnau,
Bildarchiv

96 (Abb. S.12)
Barbara-Keller, Bierkeller
der Pantl-Brauerei, 1950er Jahre
Fotografie, 12,5 x 17,8 cm
Schloßmuseum Murnau,
Bildarchiv, Kr.170, Kr. 324

97
Im Pantlkeller, 1931
Fotografie, 12,8 x 17,6 cm
Schloßmuseum Murnau,
Bildarchiv, Kr.06

98 (Abb. S.12)
Blick aus der Fürstalm, 1930er Jahre
Fotopostkarte, 9 x 14 cm
Verlag Gilbert Metzger, Murnau
Schloßmuseum Murnau,
Sammlung Freude, Inv. 11825,6

99
Gasthof und Fremdenheim Hofner,
1930er Jahre
Postkarten, 9 x 14 cm
Schloßmuseum Murnau,
Bildarchiv, Inv. 4320, 4929

100
Haus Buck, Kohlgruberstraße
Fotografie, Reproduktion, 10,5 x 15 cm
Fotoanstalt Hofer, Murnau
Schloßmuseum Murnau, Bildarchiv

101
Café Herrschmann, 1950er Jahre
Fotografie, 12,5 x 17,2 cm
Schloßmuseum Murnau, Bildarchiv,
Inv. Kr. 292/II(06)

102
Garten des Café Herrschmann
Fotografie, 21,6 x 16,5 cm
Privatbesitz

103
Strandbad Staffelsee – Kurhaus-
Strand-Kaffee, 1960er Jahre
Fotografie, Reproduktion, 10 x 16 cm
Schloßmuseum Murnau, Bildarchiv

104
Broschüre zur Ausstellung
„Das Fremdenzimmer. Die schöne Landschaft
tut es nicht allein das Fremdenzimmer muß
gemütlich sein!"
In dem Lesesaal und der Turnhalle in Murnau
vom 27. März bis 12. April 1953"
Heft, 17 x 12,1 cm
Schloßmuseum Murnau, Inv. 2613

Das Murnauer Strandbad

105
„Curhaus Staffelsee Murnau (Ober=Bayern).
Ein Sommer im Stahlbade am Staffelsee.
Kleine Schilderungen von Dr. Wilhelm Asam"
Mit Illustrationen von Hermann Neuber,
Druck: Josef Fürst, Murnau 1897
Zweiter Auflage, broschiert, 21 x 16 cm
Schloßmuseum Murnau, Inv. 5740

106
Strandbad Murnau
Reproduktion einer Postkarte,
ca. 1904–1910
11,8 x 17,8 cm
Schloßmuseum Murnau, Bildarchiv,
Kr.80(23)

107 (Abb. S.11)
Strandbad Murnau, um 1910
Fotografie, 13 x 18 cm
Schloßmuseum Murnau, Bildarchiv,
Kr. 20(16), Kr.846(16)

108
Sommerfrischler am Staffelsee
mit Ruderpartie, um 1905
Fotografie, 17 x 22,5 cm
Verlag: J. Falch, Murnau
Schloßmuseum Murnau, Bildarchiv

109 (Abb. S.15)
Handwerker beim alljährlichen Aufbau
der Badehäuschen für das Strandbad Murnau,
um 1910, Fotografie, ovale Rahmung
(Rahmenmaß 21 x 16 cm)
Privatbesitz

110
Alljährlicher Aufbau der Badehäuschen
am Staffelsee, um 1910
Fotografie, 13,8 x 8,9 cm
Privatbesitz

111
Sommerfrischler auf dem Steg des
Murnauer Strandbads, Anfang 1920er Jahre
Fotografie, gerahmt, 32 x 26 cm,
Bildmaß: 17,2 x 12,4 cm
Privatbesitz

112 (Abb. S.11)
Badeanstalten am Staffelsee, um 1920
Reproduktion einer Postkarte,
10 x 16 cm
Schloßmuseum Murnau, Bildarchiv

113
Chemische Untersuchung des Staffelsee-
wassers durch Prof. Dr. L. Gürnhut,
Privatdozent Dr. H. Lüers und Prof.
Dr. Theodor Paul, 1922
Typoskript, 29,5 x 20,8 cm
Marktarchiv Murnau

114
Dienstvorschriften für den Bademeister/
für die Badefrau, 1930
Typoskript, 29,5 x 20,8 cm
Marktarchiv Murnau

115
Schreiben an den 1. Bürgermeister
Josef Amann bzgl. der Herabsetzung
der Eintrittspreise im Murnauer
Strandbad am Staffelsee, 14. Juli 1939
Typoskript, 1 Blatt, 14,7 x 20,7 cm
Marktarchiv Murnau

116
Gebührenordnung
für das Strandbad, 19. Juli 1939
Typoskript, 29,5 x 20,8 cm
Marktarchiv Murnau

117 (Abb. S.13)
Einheimische Kinder mit Gastkindern auf
einem Steg am Staffelsee, 1930er Jahre
Fotografie, 8,5 x 6,3 cm
Privatbesitz

118 (Abb. S.11)
Pöltl-Kiosk am Seewaldweg, ca. 1930
Fotografie, Reproduktion, 9,7 x 14,8 cm
Schloßmuseum Murnau,
Bildarchiv, Kr. 586

119 (Abb. S.11)
Badende auf dem Steg im Strandbad
am Staffelsee, 1930er Jahre
Fotografie, 11,3 x 7,6 cm
Schloßmuseum Murnau,
Bildarchiv

120 (Abb. S.13)
„Wasserski" auf dem Staffelsee,
1930er Jahre
Fotografie, o.J., 8 x 11 cm
Schloßmuseum Murnau,
Bildarchiv, Kra208

121 (Abb. S.49)
Einsamer Steg am Staffelsee,
um 1935
Fotografie, 12 x 17,6 cm
Schloßmuseum Murnau,
Sammlung Krönner, Kr 839,16

122 (Abb. S.13)
Segelboot auf dem Staffelsee,
1930er Jahre
Fotografie, 11,1 x 8,2 cm
Bildarchiv Schloßmuseum Murnau

123 (Abb. S.13)
„MURNAU/OBERBAYERN
AM STAFFELSEE/
BESUCHT MURNAU
UND SEIN STRANDBAD", 1932
Druckerei Fürst, Murnau
Lithografie, 35,5 × 13,7 cm
Schloßmuseum Murnau, Inv. 5703

124
Auskunftsblatt für die Bäder-Auskunftsstelle
des Hamburger Anzeigers, 1932
Formular, 29 × 22 cm
Schloßmuseum Murnau, Inv. 11866,3

Reiseliteratur, Ortsführer, Prospekte und Karten

125
Ludwig Steub
„Das bayerische Hochland", 1860
Literarisch-artistische Anstalt
der J.G. Cotta'schen Buchhandlung,
Stuttgart/Augsburg
Schloßmuseum Murnau, Inv. Bibl. 4267

126
„Murnau und dessen gesamte Umgebung
sowie die k. Schlösser Linderhof und Schachen.
Ein treuer Führer unter Berücksichtigung
aller Interessen der Touristen", um 1890
Innenseitig gestempelt mit „Anton Fischer"
Gebundene Buchausgabe vom I.G. Boeck
Verlag, Murnau
Schloßmuseum Murnau, Inv. Bibl. 1265

127
„Panorama des Staffelsees und des Gebirgs
der Umgebung von Murnau", 1895
Lithograph: R. Ostermayer
Titelbild: Walcher Ulm a. D.
Verlag: J. Falch Murnau
Schloßmuseum Murnau, Inv. 4867
Schenkung Helga Kirchmeir, München

128
„Moser's Führerkarte durch
Murnau u. Umgebung", um 1900
Hrsg.: P. Moser, Murnau
Schloßmuseum Murnau, Inv. 7471

129 (Abb. S.12)
„Murnauer Routen-Buch,
Enthält: Höhenlage und Entfernung
nach 600 Orten gegen 1500 Routen
durch das Bayerische Hochland […]
Für Radfahrer und Touristen
bearbeitet von A. Steigenberger", 1904
Druck und Verlag: Josef Fürst, Murnau
Schloßmuseum Murnau, Inv. 8335

130
Werbeprospekt
„Murnau am Staffelsee", um 1905
Hrsg. vom Verschönerungsverein
Murnau am Staffelsee e.V.
Druckerei Meisenbach Riffarth + Co
Schloßmuseum Murnau,
Sammlung Krönner, Inv. 2967

131 (Abb. S.14)
München und das bayer. Hochland, um 1910
Bayerisches Verkehrsbuch, I. Teil.
Hrsg. vom Verein zur Förderung
des Fremden-Verkehrs in München
und im Bayerischen Hochland e.V.
Druck: Carl Gerber, München
Marktarchiv Murnau

132
Murnau am Staffelsee
Bayr. Hochland, ca. 1910–14
Druck: Josef Fürst, Murnau
Schloßmuseum Murnau, Inv. 899

133
„Führer durch Murnau
und Umgebung", um 1920 (?)
Verlag A. Staib und J. Falch
Druck: F. Bruckmann A. G., München
Schloßmuseum Murnau, Inv. 11852

134
Münchner Wanderbuch, 1923
Heft 4, Der Ammergau. Murnau/
Oberammergau/Linderhof,
bearbeitet von Dr. Ludwig Simon
und Dipl.-Ing. Richard Vollmann
Chr. Kaiser Verlag, München
Schloßmuseum Murnau, Inv. 3987

135
Führer für Murnau und Umgebung
ins Vorgebirgsland und Hochgebirge,
um 1925/26
Hrsg. vom Kurbad- und Fremdenverkehrs-
Verein Murnau am Staffelsee,
Druck: Josef Fürst, Murnau
Marktarchiv Murnau, Inv. 340

136
Bildheft „Murnau und der Staffelsee
(Oberbayern)", 1930er Jahre
Deutschland Bildhefte Nr. 261
Hrsg. von der Verlagsanstalt
Berlin-Tempelhof
Schloßmuseum Murnau, Inv. 3788

137
Prospekt
„Erholung durch Föhnluft/Wasser/
Waldluft/Ruhe"
Murnau am Staffelsee", 1930er Jahre
Buchdruckerei Fürst, Murnau
Schloßmuseum Murnau, Inv. 8494

138
Reklameheft
„Der ideale Sommer- u. Winteraufenthalt
Murnau am Staffelsee (Obby)", 1936
Buchdruckerei Fürst, Murnau
Schloßmuseum Murnau, Inv. 4870

139
Prospekt
Murnau am Staffelsee, 1938
2. Auflage 1952
Heft, 21 × 19,5 cm
Schloßmuseum Murnau,
Inv. 11879,1

140
Wanderkarte Murnau, 1950
Ostersee-Staffelsee-Uffing-Riegsee-
Ettal-Eschenlohe-Herzogstand
Maßstab 1:50000
Druck und Verlag: Bayerisches
Landesvermessungsamt München
Schloßmuseum Murnau, Inv. 4385

141
Wilhelm Simet
„Führer durch Murnau.
Das Staffelsee- und Riegseegebiet", 1950
Bergverlag Rudolf Rother, München
16,2 x 11,6 cm
Schloßmuseum Murnau, Inv. 3783,
Bibl. 11852

142
Wilhelm Simet
„Führer durch Murnau.
Das Staffelsee- und Riegseegebiet", 1958
Bergverlag Rudolf Rother, München
16,5 x 11,5 cm (2. Auflage)
Schloßmuseum Murnau, Bibl. 1984

143
Broschüre
Der kleine Urlaubsberater.
Erholung an den 7 Seen im
Landkreis Weilheim Oberbayern,
1960er Jahre
Siebdruck, 14,8 x 10,5 cm
Schloßmuseum Murnau, Inv. 3784

144 (Abb. S.12)
Faltblatt
„Murnau Seehausen am Staffelsee
grüßt seine Gäste"
Farbdruck, 1960er Jahre
21 x 9,8 cm
Schloßmuseum Murnau,
Inv. 11880

145
Broschüre
„Murnau Sommer 72", 1972
Hrsg. vom Verkehrsamt Murnau
Heft, 21,5 x 10 cm
Schloßmuseum Murnau, Inv. 3790

Fotonachweis

Bayerische Verwaltung der staatlichen
Schlösser, Gärten und Seen, München:
S. 80, 81
Deutsche Rentenversicherung, Ohlstadt:
S. 22, 72, 73
Evangelische Akademie, Tutzing: S. 103
Familie Michael Gilg, Griesbräu Murnau: S. 62
Gabriele Münter- und Johannes Eichner-
Stiftung, München: S. 64, 66, 68
Hugo Troendle Archiv, München
(Foto: Andreas Pauly, München): S. 71
Karl Hubbuch Stiftung, Freiburg: S. 84, 85
Kunsthaus Lempertz, Köln: S. 79
Marktarchiv Murnau: S. 64
Max Beckmann Archiv, München: S. 82
Monacensia. Literaturarchiv und Bibliothek
der Stadt München: S. 28, 76, 77
Münchner Stadtmuseum, Sammlung
Graphik/Plakat/Gemälde: S. 6, 84
Prein, Heiko (Foto): S. 59
Stadtarchiv, Starnberg: S. 77